原住民寫真與文化
泰雅族、賽德克族、太魯閣族

王古山——著

推薦序一

在快門下探訪原住民的生活文化

　　王先生出版了了第五本的新書《原住民寫真與文化：泰雅族、賽德克族、太魯閣族》，發表在即，他刻苦辛勞了四十餘年，不畏難度地奔走，為了發揚：「回顧歷史，激勵後人」的貢獻精神。

　　他不斷地克服困難，申及入山，奔走在部落中尋奇，探訪了原住民的生活起居，尤其每年豐年祭時的儀式慶典、每一個祈求平安表情樣態，他都能抓住瞬間的表情，在快門下攝影探訪節慶儀式及生活文化。歷年來難能可貴的創意、技巧、努力，在作品裡處處可見，於是誠心樂於推薦新書再度發表。

　　王古山老師與我交往甚久，他是一位著名的攝影名家，他的攝影集榮獲各種獎項，尤其深入對「人文紀實」創藝為主題元素，其創作內涵、情易構思，頗具社會觀察價值。他也是一位擁有豁達之情，寬厚之心，親合個性的人；作品和人皆處處彰顯君子之風。

　　誠摯祝賀：新書再次發表成功，是我喜悅與欣賞的期望。

中華藝術攝影家學會榮譽理事長　周鑫泉

推薦序二

洋溢攝影知性之美的泰雅族群影像

今年不久前，獲悉資深攝影家老友王古山兄，即將出版一本關於台灣原住民族的專書《原住民寫真與文化：泰雅族、賽德克族、太魯閣族》時，感到非常高興與期待。因為筆者和古山兄的多年交誼，大都集中在攝影學會的展覽，以及由他先後主持多個攝影學會時所舉辦的重大活動上；像這樣一本有關原住民族生活與文化的專著，我還從未見過。及至仔細翻閱這本書的內文與影像之後，筆者才發現，原來它竟是古山兄潛心多年，而且僅憑一己之力，真心想要為台灣攝影界和原住民同胞作出貢獻的一份「既能彰顯個人攝影創作，又能吸引社會大眾真正認識寶島原住民文化之美」這個宏願的具體初步實現。

本書內容除了以淺顯有據又饒富趣味的文字和作者多年來拍攝的豐富影像，來介紹台灣十六個原住民族中的泰雅族、賽德克族和太魯閣族；也就是三個共同來自泰雅族群的原民部族的歷史、文化與生活樣貌。書中影像部分佔比超過一半，它們分別以黑白和彩色來表現；前者多為數十年前的紀實生活舊照，飽含族人在村內、居室、住屋前、教堂內外，以及在山野郊外實際生活的自然之美；（這些件品大都是在民國六十年代，作者和攝影家好友顏倉吉、林吉基三人，費盡千辛萬苦，深入交通難達的竹東尖石鄉秀巒村一帶泰雅族人部落，勉力創作完成的紀實作品。）而彩色影像部分拍攝的時間則較晚，數量也較多；它們大都取材於三族每年重要節日的祭典賽會。畫面色彩鮮麗、動感豐富，普遍洋溢著年輕族人豐沛的青春活力與生命之美。

在所有本書的影像中，筆者更偏愛至今幾乎已經完全見不到的泰雅族群高齡紋面長輩族人的一張張面部特寫影像；以及賽德克族人在霧社抗日英雄紀念牌坊前，為了紀念莫那魯道頭目對於日本據台初期針對原住民的高壓統治，親自率領族人於馬赫坡岩窟，以山林游擊戰和日本軍警展開長期抗暴戰爭，終因彈盡援絕而壯烈自殺成仁這一可歌可泣的史實，而隆重舉行祭悼儀式所拍攝的實況影像；兩者畫面都令人無限感動。

　　綜括地看，這本作者結合文字與圖像，用他充滿感情的攝影，生動呈現泰雅族群三族原住民特色與今昔生活實況的新書，不僅可讀性高，對於所有想進一步認識台灣原住民族的人，更是一本饒具學術價值的重要著作。聽古山兄說，接續此書之後，他還打算繼續自費出版關於蘭嶼達悟族，以及台東卑南族的類似圖文合集。筆者除了衷心祝賀古山兄累積多年心血和努力之後得到的亮眼成果，同時也期盼政府主管原住民和文化部門的相關人員能夠看到這本著作，並且進而借重作者過去對原住民同胞的認識和瞭解，尤其一位資深傑出攝影家的美感創意；然後攜手合作，有計畫地進行關於宣揚台灣原住民文化之美的拍攝及出版工作，從而使寶島十六個原住民族的生活與文化，都能因更多傑出影像的出現而增添無限新的知性和美感。

台灣攝影博物館文化學會創會理事長　莊靈

民國 108 年 5 月 24 日於淡水樹梅坡

自序

四十年鏡頭下走訪原住民的文化遺產

　　台灣原住民族有 16 族，其中有同源同宗共榮的有泰雅族、太魯閣族、賽德克族，他們是唯一有紋面文化的族群。60 年代我因喜愛攝影，基於對台灣原住民紋面文化的好奇，開啟了探訪泰雅文化之旅。

　　當年想入山探訪原住民，必須辦理入山證才能進入，為了想一窺原住民文化的究竟，便開始了山地部落的尋奇，從竹東尖石山區、秀巒到中部的泰雅部落，都是探訪之地，從原住民的生活起居到宗教信仰，風俗習慣，我更深入部落，和他們一起生活，在經年累月的努力下，終於把作品出書，對我而言，除了作品之外，我尤其欽佩原住民同胞的樂觀進取，讓我體悟到人生簡樸單純的哲學，也是最大的收穫。

　　我歷經 40 餘年的努力，拍攝了本書的作品，共分為三個大類，包括：（一）、泰雅族 60 年代紋面的保存；（二）、2004 年經行政院核定的原住民第 12 族太魯閣族；（三）、2008 年經行政院核定原住民第 14 族賽德克族。

　　後來被正名的族群，為了對祖先的尊崇，每年都定期舉辦豐年祭儀式，歡樂的氣氛除了慶祝物產豐收、緬懷祖先，也祈求世代平安。這本書的內容，是原住民先民的遺跡，可以讓下一代子孫知道，先人曾經努力過的足跡，留下珍貴的文化遺產，更讓日後參訪原住民地區的人，感受到部落的熱情，也藉書的出版，告知全世界的人，原住民的祭祀、風俗、文化的由來並且世代傳承。

　　在這個泰雅傳統紋面也即將消失之際，這本書籍將付梓出版，期許將這書能將珍貴的國家文化資產，承續留存並發揚光大。

　　本書能順利出版要感謝中華藝術攝影家學會周鑫泉榮譽理事長、台灣攝影博物館文化學會莊靈創會理事長，兩位老師在百忙中賜稿寫推薦序，讓本書出版更增光彩，在此一併致謝。

作者　王古山

王古山，1953 年生，台灣台南縣人
2014 年第九屆中華藝術攝影家終身成就獎

【現任】
- 中華藝術攝影家學會榮譽理事長
- 台灣攝影學會榮譽理事長

【經歷】
- 1977 年正式加入攝影學會
- 1981 年長青攝影俱樂部創會會長
- 1997 年～ 2001 年台灣攝影學會第十九、二十屆理事長
- 2010 年～ 2013 年中華藝術攝影家學會第十一、十二屆理事長

【獲獎】
- 1978 年中國攝影學會會員影展金牌獎
- 1979 年桃園影展金牌獎
- 1980 年全省影展獲頒郎靜山先生特別獎
- 1981 年全省美展大會獎
- 1982 年青溪文藝金環獎
- 1983 年全省影展金牌獎
- 1984 年高雄影展金牌獎
- 1985 年高雄市第二屆美展黑白組第一名
- 2013 年中國文藝協會文藝獎章
- 2014 年第九屆中華藝術攝影家終身成就獎

- 2017 年員林國際攝影展 FIAP 藍帶獎
- 2017 年臺中國際攝影展美國攝影學會絲帶獎
- 2018 年印度國際影展自然組 FIAP 金牌獎、野生動物組金牌獎
- 2018 年員林國際攝影展鳥類組 FIAP 銅牌獎、美國會絲帶獎
- 2018 年德國國際影展藍帶獎 -4 張
- 2018 年新加坡國際影展藍帶獎
- 2018 年台北國際沙龍台北會旅遊組金牌獎
- 2018 年澳洲國際影展藍帶獎
- 2018 年英格蘭國際影展銀牌獎
- 2018 年美國攝影學會統計自然生態組世界排名第四名
- 2019 年英格蘭國際影展金牌獎
- 2019 年印度國際影展 FIAP 金牌獎 PSA 金牌獎

【展覽】
- 1997 年高雄市文化中心台灣高山風情個展首展
- 1997 年 ~2002 年台灣高山風情全省文化中心巡迴展覽
- 2001 年台南市文化會館台灣傳奇 – 王船祭典個展首展
- 2002 年台北國父紀念館台灣傳奇 – 王船祭典展覽
- 2002 年 2 月基隆文化中心台灣傳奇 – 王船祭典展覽
- 2002 年 3 月中壢文化中心台灣傳奇 – 王船祭典展覽

【出版】
- 1997 年台灣高山風情 2001 年台灣民俗 – 王船祭典
- 2013 年台灣民俗 – 迎王祭典 2017 年台灣絕世鳥

【典藏】
- 2002 年國父紀念館典藏 - 王船祭典攝影作品共 80 幅

【攝影榮銜】
- 台灣攝影學會榮譽博學會士
- 台北攝影學會榮譽博學會士
- 新北市攝影學會榮譽博學會士
- 紐約攝影學會榮譽博學會士
- 中國攝影學會博學會士
- EFIAP 國際影藝聯盟

目　錄

推薦序一 2

推薦序二 3

自序 5

族群簡介 10

一、地理分佈 12

二、「泰雅族、太魯閣族、賽德克族」的演變與緣由 14

三、家與姓氏文化 27

四、Gaga 與社會組織 28

五、紋面習俗 33

六、宗教信仰 44

七、歲時祭儀 / 節慶 47

八、泰雅族神話與傳說 53

九、工藝 63

十、建築 70

十一、飲食文化 77

十二、泰雅族現代化之後面臨的問題 84

附註 90

　（一）馬告檜木國家公園 90

　（二）南島民族 91

　（三）莫那‧魯道與霧社事件 94

附錄──寫真紀實 103

　泰雅族 104

　太魯閣族 128

　賽德克族 144

◈ 族群簡介

散居在臺灣中北部山區，包括埔里至花蓮縣以北地區，目前人口約有 9 萬人。狩獵與火耕為傳統生活的食物來源。有紋面習俗。織布技術發達，好紅色服飾，認為紅色象徵血液，具有生命力，可以避邪。社會組織以祖靈祭祀團體為主，最重要的祭儀活動為祖靈祭。歌舞動態活動以口簧琴與口簧琴舞為其特色。

依語言及風俗習慣的不同，人類學將泰雅族分為「泰雅亞族」和「賽德克族」兩個亞族，但在亞族之內還可以再繼續做分類。隨著臺灣原住民民族自治的政治目標日益受到渴求與重視，花蓮部份賽德克亞族所屬的太魯閣群，主張以太魯閣族做為新的族稱，從原有的泰雅族中脫離，並於 2004 年 1 月 14 日獲得行政院原住民族委員會的承認，太魯閣族正式成為第 12 個原住民族。2008 年 4 月 23 日，賽德克族也正式

成為第 14 個原住民族。

　　泰雅族的社會組織，過去由 10 戶左右聚集而成一同族系的部落，受到現代化影響，以及人口繁衍，戶數大增，其部落制度以核心家庭為主體，實施一夫一妻制的父系制度。同一家系分戶另立之血族團體名為「Gaga」，推舉同族中聲望最大的族長為頭目。Gaga 成員俱為男性，具有共同祭祀、狩獵及犧牲分配的宗教性農業祭團，宗教信仰即以此為基礎，形成崇拜祖靈的信仰。

　　目前關於泰雅族的各種論述，由於泰雅族與太魯閣族、賽德克族分立的情況，出現了文化分類與政治分類相悖的困境。另一方面，雖然泰雅族內的不同方言群體存有差距，但是存在許多共同性，在文化與學術的分類上，自日本殖民時期，一直被分類為同一個人群體，並以「泰雅族」做為族稱，本書以此為方向將三族合併編製。

一、地理分佈

　　泰雅族是臺灣分布最廣的原住民族群，典型的高山民族，世居北部中央山脈兩側，散佈於臺灣北部、中部、東部山區，包括埔里至花蓮縣以北地區，東至花蓮太魯閣，西至東勢，北到烏來，南迄南投縣仁愛鄉，是原住民中分布面積最廣的一族。人口僅次於阿美族及排灣族，為臺灣第三大原住民族群，古代有出草獵人頭習俗。

　　由於泰雅族散居於廣大的山區，於是發展出眾多的方言，共有 25 個方言群體，可歸類兩大語系亞族，分別是泰雅亞族與賽德克族。依據泰雅族不同方言群的傳說，其祖先起源臺灣中部的山區，包括三個地方：1. 雪山山脈（大霸尖山）、2. 南投縣仁愛鄉的發祥村瑞岩部落、3. 南投縣仁愛鄉中央山脈的白石山。後來因人口增長開始往西北方向、東部及西南方向遷移。

　　在日本殖民時期，稱泰雅族為北蕃，也是臺灣北部最大原住民族群，相對於臺灣南部最大族群的布農族被稱為南蕃。現今泰雅族分布在臺灣北部中央山脈兩側，以及花蓮、宜蘭等山區，散居在臺灣北部 13 個鄉鎮區內。新北市烏來區的泰雅族聚落，是全世界南島語系居住地中，最北方的聚落。

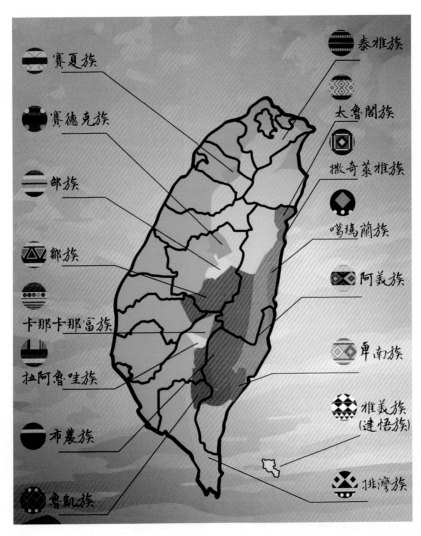

賽夏族
賽德克族
邵族
鄒族
卡那卡那富族
拉阿魯哇族
布農族
魯凱族

泰雅族
太魯閣族
撒奇萊雅族
噶瑪蘭族
阿美族
卑南族
雅美族
（達悟族）
排灣族

台灣原住民族十六族群人口及居住分佈圖

二、「泰雅族、太魯閣族、賽德克族」的演變與緣由

（一）泰雅族

在7千年前左右，古南島語系民族自華南地區開始進行橫跨大洋的大遷徙，目前以語言學與基因分析，臺灣很可能是遷徙的第一站。北臺灣的泰雅族與賽夏族可能是最早來臺的。根據學者的考證，在雪霸園區周圍的泰雅族人從未定居於雪山山脈的高山，只散居於海拔2000公尺以下、氣候涼爽、適於耕種與狩獵的山麓階與河階地，其中以海拔1000至1500公尺最多。泰雅族分佈地的西麓住有賽夏族，分佈高度略低，為海拔500至1000公尺。

新竹縣五峰鄉的泰雅族與賽夏族、尖石鄉的一部份泰雅族，以及苗栗縣泰安鄉的泰雅族都以大霸尖山為祖先發源

▲泰雅族年輕男女在慶典中的舞蹈。

之地，堅信太古時候，大霸尖山有一個佈滿苔蘚的巨岩，自然裂開之後生出一男一女，結為夫妻，成為人類的始祖。後來人口增加，生活地方狹小，於是散居於山下各地，繁衍子孫。

依語言及風俗習慣的不同，人類學家通常將泰雅族分為「泰雅亞族」和「賽德克族」兩個亞族，但在亞族之內還可以再繼續做分類：

泰雅亞族 (Tayal)	賽考列克群 (Sekoleq)	馬卡納奇亞群（Makanaji）： 福骨群（Xalut/ 白狗群）、石加路群(Shyakalo)、金那基群 (Mknazi)、大嵙崁群、南澳群
		馬列巴亞群（Malepa）： 屈尺群、大嵙崁群、卡奧灣群 (Gaogan)、溪頭群、司加耶武群 (Sqoyaw)
		馬里闊丸亞群（Malikoan）： 馬里闊丸群（Mrqwan）、馬武督群 (M'utu)
	澤敖列群 (Tseole)	馬巴阿拉亞群（Mabaala）： 南澳群、馬巴阿拉群、萬大群 馬巴諾亞群（Mapanox）： 汶水群、北勢群、南勢群 莫拿玻亞群（Menebo）：南澳群 莫里拉亞群（Mererax）： 鹿場群、大湖群、加拉排群 (Kalabai)
賽德克族 (Seediq)	德魯固群（Seediq Truku/ 太魯閣群）	
	道澤群（Seediq Toda）	
	德克達雅群（Seediq Tgdaya）	

泰雅族的分類

▲穿著正式傳統服裝的泰雅族紋面耆老。
▼泰雅族織布舞。

▲泰雅族在豐年祭舉辦的抓
小豬比賽。

◀共飲小米酒的泰雅族人。

（二）太魯閣族

太魯閣族目前人口約 3 萬人，是原住民族之中第 5 大族群，最早起源於今臺灣南投地區，與賽德克族有共同祖先。太魯閣族分支於賽德克亞群中的德路固群，在 16 世紀前後，由南投，翻越山區，遷居到今花蓮縣秀林鄉、萬榮鄉及吉安鄉部分地區一帶，成為獨立族群。

1876 年（光緒 2 年），清政府強行入侵太魯閣地區，因而爆發抗清的「太魯閣事件」。事件起因於沈葆楨的「開山撫番」政策，兵備道羅大春修築道路，欲強行打通後山北路，於 1875 年開始進入太魯閣族的生活領域，影響到族人傳統生活，於是襲擊開路的清軍。1876 年，清軍攻擊部落，在三棧溪畔築營壘，名為順安城，族人最終不敵，被迫投降。

1914 年（大正 3 年）5 月至 8 月間，日本臺灣總督府為控制臺灣花蓮一帶的原住民，與當時定居在太魯閣地區的原住民爆發「太魯閣戰爭」，太魯閣族因此被日本殖民政府視為重要敵人。1914 年 5 月 17 日，日本總督府派出兩萬多名軍警入山，發動大規模攻勢，由臺灣總督佐久間左馬太擔任討伐軍司令，他是日皇及日人心目中，是唯一能解決番害的「理番高手」。太魯閣族以兩千多名勇士奮勇頑抗，戰勢激烈。在戰爭期間，佐久間左馬太遭遇太魯閣族的襲擊，自斷崖墜落 30 餘公尺深溪谷，因而負傷，經埔里送返臺北，轉赴日本，隔年 8 月 5 日於仙台過世。8 月

▼太魯閣族勇士在祭典中的舞蹈。

◀ 美麗的太魯閣少女。

◀ 太魯閣族舞蹈是團體
活動,所有的人都要
參加。

下旬,日軍獲勝,戰事告終。8月28日,臺灣總督府宣告戰爭結束,尚存的太魯閣族被強迫遷往平地居住,並進行日本化教育。之後臺灣總督府在行政改革中,將太魯閣族居住之區域,定名為「研海事業區」(「研海」是佐久間左馬太的雅號)。

在 2000 年前後,居住在花蓮的太魯閣族人,因為發展出自己的文化認同,向政府要求正名為太魯閣族,在 2004 年通過。隨後,居住在南投一帶的族人,則爭取稱為賽德克族,在 2007 年通過。在法律上成為兩個不同族群。

◀太魯閣族的慶典。

▲太魯閣族織布舞。

▼太魯閣族少年的英姿。

（三）賽德克族

賽德克族人口約 1 萬人，主要居住在臺灣本島中部、東部及宜蘭山區，以中央山脈為界線，分出東、西賽德克族，形成兩大聚落。東賽德克族散居花蓮縣秀林鄉、萬榮鄉、卓溪鄉，以及宜蘭縣大同鄉與南澳鄉。西賽德克族集中分布在南投縣仁愛鄉。日本殖民時期發生的霧社事件，即是賽德克族對日本當局的高壓統治不滿而爆發。

清朝文獻中就有該族的記載，日本殖民時期的人類學家雖然發現賽德克族與泰雅族在語言系統的差異，但兩者同樣有紋面、出草等文化，故仍將其歸類在泰雅族之下。而賽德克族與太魯閣族則有共同的起源與文化，卻因居住地域的迥異而分道揚鑣。

早期原住民並沒有「族」的概念，日本殖民時期的文獻記錄稱使用 seejiq 語系的人為「紗績族」，主要是參考該群體指涉「人」（seejiq）的發音。祖居發源地為南投地區，包含三個方言群體：

▲穿著傳統服飾的賽德克族少年。

◀頭帶山豬牙帽飾
的賽德克少年。

(1) 德路固（Seejiq Truku）。又稱太魯閣群 (Taroko)，或稱托
洛庫群 (Truku)。
(2) 德克達雅（Seediq Tgdaya）。亦稱德克達雅群 (Takadaya)。
(3) 都達（Sediq Toda）。亦稱都達群 (Tuuda)。

　　賽德克族的社會體系與文化、制度以「Waya」（譯作族律，
泰雅族的 Gaya）為優先與最高標準，部落意識為輔的生活系
統，所建構的傳統農獵社會型態。賽德克族的社會制度以父為
主、母為輔的特殊社會制度，較為粗重的工作及狩獵等庶務以
男性為主，紡織工作由女性為主力。
　　堅持一夫一妻制是賽德克族是的婚姻制度，在恪守族律之
下，賽德克族的社會杜絕都市社會中同居、婚外情、未婚生子
等違犯祖訓的男女異常關係的亂象。
　　1895 年至 1945 年 10 月 25 日之間，賽德克族在日本時
代受當時殖民政策的影響，禁止賽德克人傳承自家文化，以致

部分儀式文化漸被淡忘，直到 2011 年 1 月賽德克族才恢復「年祭」與「播種祭」。

　　「獵首笛」是賽德克族著名的傳統樂器，要用嘴巴吹氣、演奏，長約 30 公分的笛子，用途是出草獵人頭之後，藉由吹笛聲，引領、撫慰、召回被獵者的靈魂。過去只有獵過首級的男子才能配戴，象徵成年的意義，代表英勇榮耀，後來受到日本人禁止獵首出草的文化，逐漸失傳，目前賽德克族依據老照片重新製作，消失的傳統樂器再度流傳。其他如木琴等，均是早期賽德克族人生活中常見的物品。

◀賽德克婦女在苧麻節上表演麻紗的處理。

◀表演口簧琴的賽德克少女。

▲參加霧社事件祭典的少年。

(四) 太魯閣族、賽德克族的獨立正名

　　三百年前，部分賽德克族人輾轉搬遷到現今的花蓮地區，發展出自己的文化，也演化出自己的語言。這些族人在長期的相處互動下，形塑明確的族群認同意識，要求正名為太魯閣族。

　　2003 年 9 月 23 日，由於東、西部族人對於族名的主張有所不同，西部族人主張賽德克族，東部族人主張太魯閣族，南投縣仁愛鄉 Seejiq Truku、Seediq Tgdaya、Sediq Toda 族名正名促進會在埔里阿波羅飯店成立。由三個方言群體的族人，參酌學者專家意見

後，共同決定以日本人文獻記載，作為族名的依據，並要求政府暫緩東部賽德克人片面正名為「太魯閣族」。

　　2004 年 1 月 14 日，東部賽德克人以「太魯閣族」為族名正名成功，經行政院通過認定為臺灣的第十二個原住民族，並邀西部賽德克人共同登記加入太魯閣族。但由於族名認同與認知上有所差異，為避免族人在族群認同上迷失，遂走向「賽德克族」獨立正名。

　　2006 年 3 月 29 日，儘管學者認為賽德克應與太魯閣商議族名，但在政治人物的強力運作之下，南投縣賽德克族

文史傳承協會發函給行政院原住民族委員會，請其轉呈行政院，准予核定公告「賽德克族」為臺灣原住民族獨立的族群，自此宣布獨立於泰雅族及太魯閣族之外，隨函附有賽德克族正名連署書。

2007 年 1 月 12 日，賽德克族正名運動促進會在南投縣埔里鎮舉辦「賽德克族正名大會」。經過多年的正名運動，終在 2008 年 4 月 23 日成為中華民國政府承認的臺灣原住民族群。

▲太魯閣族和賽德克族有異曲同工的文化背景。

三、家與姓氏文化

（一）泰雅族裔對於家的概念

　　泰雅族認為家是共同生活的團體，部落內的團體以家為單位，是社會組織的基礎。家由夫妻及年幼子女組織成家庭成員，未婚的姊妹及兄弟仍然同住在家裡，直到將來結婚之後，或婚配後進入他家、或建造新家分居。家族的意思是一個家屋以及共同居住的成員，家族之名代表這個家屋所屬的屋主，及其內部所有成員。

　　在親族制度方面，泰雅族為父系主義。家族的原始型態為「分居而族產共有」，以及「聯合家族制」，也就是說由諸兄弟形成聯合家族，眾人共同擁有全部的財產與房舍。嫁娶婚是構成親族關係婚姻的基本法則，因此泰雅族的家系主要為子女從父制，泰雅族家族以男人至上，女子為次。以血緣、親屬關係聚集成的部落是為泰雅族的認同單位，在泰雅家族中普通有兩種單位：

　　1. 以家屋為單位的小家族，特徵為子女婚嫁後便分居或從夫住，實施幼子從父與養父。

　　2. 從財產、祭祀等關係而成立之伸展家族，共有土地、共同耕作、共同祭祀等。

　　此外，泰雅族氏族、親屬團體的規範，與社會政治權力的形成與運作密不可分。泰雅族社會的親族結構與繼嗣法則為單系制的父系世系制。

▲「執子之手，與子偕老」。泰雅、太魯閣、賽德克三族的家庭制度與漢人相同，都是父系社會。

關於泰雅族的領袖制度有兩個原則：一是血緣主義，以父系世系群的首長，做為地域群及生產團體的領袖；第二是尊長法則，親族群內的尊長自然成為各類團體的首長。在社會組織方面，泰雅族的原始社會組織，是以血族為基礎，以共祭儀、共獵、共負罪等社會功能，分別形成若干地緣兼血緣關係的組織。

(二) 姓名制度

泰雅族的命名文化，為親子連名制，以「個人名＋親名」做為姓名的結構，親名主要為父親的名字，且無像是布農族家族名或排灣族家屋名的姓氏概念。

泰雅族一般在自己名字後面加上父親的名字，特殊狀況也有使用母名為親名，但是不常見。其次，不硬性規定親名必須沿襲祖父母名，但會為男孩採用部落史上著名的頭目或勇悍者之名，女孩怎擇取部落中溫順或擅長織布者之名。

這種姓名制度所取的名字，大約有數十個，而較常使用者僅十多個，因此很容易重複使用，往往在同一家族、部落或行政區域之中，出現同姓名者。

四、Gaga 與社會組織

泰雅族的社會組織建構在 Gaga 體系之下，可以說是泰雅族文化的核心，也是泰雅語裡頭最為多義的詞彙，在不同的情境之下，會有不同的解釋。一般解釋 Gaga 為共同勞動、共同祭祀、共同狩獵的組織，同時 Gaga 有嚴格的禁忌以及信仰。Gaga 包括血族團、祭團、共食團體，是與社會一體共構的一種制度，無論將 Gaga 組織視為「血族團體」或「祭祀團體」，都是維持社會平衡的功能性團體。為了適應生存，可能一個部落屬於一個 Gaga，或一個部落包括幾個 Gaga，或幾個部落共有一個 Gaga。

(一) Gaga

Gaga 是觀念而非社會組織本身，透過儀式的實踐過程，可能形成不同層

次的社會範疇。Gaga 是宇宙觀的一部份，泰雅族觀念上必須遵守的規範或禁忌，而且 Gaga 可以指涉個人的特質，這種特質亦可解釋為靈力。就觀念上而言，Gaga 為共同遵守的規範或禁忌，包括戒律、儀式中的規則及禁忌、若干日常生活中的習俗。在實踐 Gaga 時，可能產生不同層次的社會範疇，這社會範疇不同於社會組織，社會範疇基本上是鬆懈而有彈性的。

由於 Gaga 是泛泰雅族群特有的生活哲學與態度，具有多重意義，不僅是宗教思想以及日常行動的依據，但其音隨著不同的族群與部落語言群的不同而產生變化。泰雅族稱為「Gaga」，太魯閣人、賽德克族稱之為「Gaya」，霧社地區則稱之為「Waya」等，同樣的情形也見於「Rutux」（祖靈、靈魂）一詞，太魯閣族、賽德克族稱為「Utux」，泰雅族則稱為「Rutux」。

Gaga 具有多種意義，大致上可以分成三個層面：社會範疇的層面、社會規範的層面、個人特質的層面，而「共享」則是 Gaga 最重要的內涵關鍵。

在社會範疇的層面，Gaga 之義為「遵循特定規範所形成的社會範疇」。早期人類學家大多觀察到的是 Gaga 的這個層面，於是早期對 Gaga 解釋為祭祀團體、血族團體、共同生產團體等。這也是泰雅族人最常使用的我群歸屬與社群區別的社會範疇。例如，泰雅族人會用：「我們是同一個 Gaga，所以我們一起打獵或祭祀」，或是採用「我跟他是不同 Gaga」的態度，區別彼此之間的社群分類。

在社會規範的層面，Gaga 表示「應當遵守的規範或者實然的秩序。」，這是祖先的話語之義，幾乎包含泰雅族人所有的生活層面。也就是說，Rutux 留下來的教誨與警告、長老的指導、古老儀式的流程、生活上的技術與能力、人與人之間的相處倫理，以及太陽與月亮交替在天空中出現的宇宙秩序。舉例來說，泰雅族屈尺群的 Gaga 相處倫理，就是「勿竊盜、勿殺人、勿打架、勿通姦、勿通敵、勿謊言、勿欺人」；宜蘭縣南澳鄉的 Gaga，必須遵守經濟生活技術與能力，同 Gaga 的人在特定的時間內共同參加狩獵，共同遵守穀物種植的規則。

社會規範的 Gaga 是構成社會範疇 Gaga 的基礎，成為泰雅族倫理律法的主要核心觀念。當一群人共享相同社會規範的 Gaga 的時候，他們就會成為一個 Gaga 的社群。這並不是一種硬性的附加的概念，而是一種共享參與的

概念。當泰雅族人因為共享 Gaga 社會規範，而成為一個 Gaga 社會範疇的時候，他們就是一個共同體。同一 Gaga 的群體之內，有人觸犯了這個共享社會規範的時候，社會範疇所包含的對象，全體都必需面對 Rutux 不同程度的降咎，如果這個 Gaga 的範圍是家戶，則家戶內的成員可能會面對疾病的威脅；如果這個 Gaga 的範圍是獵團或者農耕團體，則獵團與農團可能面對意外或者歉收的災厄。觸犯 Gaga 在泰雅族當中是相當嚴重的事情，不僅個人會因此面對不幸，也將使整個 Gaga 的成員面對災厄。此時必須透過巫者祈禱，將觸犯 Gaga 的人與事尋找出來，觸犯者將面對嚴重的社會壓力。補救的方法則是觸犯 Gaga 者，必須透過一連串的除罪儀式，回復 Gaga，也使自己回到 Gaga 當中。

當一個人想要加入一個 Gaga 團體時，除了表示自己將遵守與其他成員共同的 Gaga 規範之外，同時必須要先獲得其他成員的首肯，並且提供食物，包括他自己與所有的成員共同分食這項食物。這就構成了一個加入 Gaga 的儀式，從此這個人屬於這個 Gaga 團體，並遵守 Gaga 的規範，所獲得的獵物與農作，都要與 Gaga 內的成員一同分享。當一個人要退出一個 Gaga 時，他則是需要提供食物，讓 Gaga 內的所有成員分享，但是他自己不能吃這項食物，表示他已經退出 Gaga，從此他將與這個 Gaga 再無關連。

簡單舉例來說，當一群人要一起出獵，組成一個獵團性質的 Gaga 時，他們必須要在出團之前，共飲一杯酒或者共食小米。而當獲得獵物的時候，也必須要跟整個獵團一起分享，因為當他們共飲酒與共食小米的那一刻開始，他們就是一個 Gaga。如果共獵團體當中，有人在狩獵前行了不潔之事，面對的降咎時，也將由獵團共同承擔，也許會有人受傷，也許因此捕不到獵物。這個時候，他必須要請巫者協助他回復 Gaga，或透過不參與共食的方式，退出 Gaga，以避免整個獵團遭遇到不幸。

在個人特質層面上，Gaga 表示個人的能力與耕種的方法、人的肢體動作、走路、說話的樣子等外顯特質。一個人如果走路眼睛亂飄，背桿不挺直，老年人可能就會指責這個人「沒有 Gaga」。Gaga 是可供社會檢視與外顯部分的個人特質，是泰雅族人的心（inlungna）的具體呈現。而當個人特質的 Gaga 衰弱的時候，可以透過儀

▲泰雅族人形成團體之後就有共同遵守的 Gaga。

式，傳遞小米與分食小米糕，來共享他人較為強悍的 Gaga，以改善自己衰弱的 Gaga。

　　要特別注意的是 Gaga 在這三個層次上，都並不是獨立的，個人特質的 Gaga，跟社會規範的 Gaga 是彼此轉化的，社會規範的 Gaga 構成了評價個人特質 Gaga 的標準。個人特質的 Gaga 因為是 inlungna 的呈現，所以 inlungna 越強，呈現出來的語言與能力也就越具有規範性。老人與 Rutux 的 inlungna 是很強的，因此老人與 Rutux 的話語，又變成了 Gaga。Gaga 就這樣在個人特質與社會規範當中互相轉化，當人們共享一個社會規範的時候，又劃分出了特定的社會範疇，其所屬成員，在生活上休戚與共，分享共食在生活當中所獲得的一切。Gaga 的概念，就這樣地貫串在這三個層面當中，彼此密不可分，成為維持泰雅社會與泰雅人生活的主幹。

（二）社會組織

　　傳統的泰雅族社會以狩獵及游耕（火耕）為生，聚落以集居式的村落為主。大體而言，泰雅族的社會組織可以

分成下列幾個團體，現簡單分述如下：

1. 部落組織：部落的形成以血緣基礎，屬於血族團體，以父系中心，由諸兄弟形成聯合家族，財產與房舍共同擁有。由具聰明英勇有才智，有領導能力的人擔任部落領袖，遇到部落有重大事情的，則由頭目召集長老會議以決策之。（泰雅社會中原來沒有頭目，日本殖民時期日本人為其治理之便而產生的。）

2. 祭祀團體：有共同祭祀對象的家庭祖合，以宗教（即血族關係、家族、成員）為基本要素，具有共同祭祀對象的家庭組合，為了祖靈祭之進行而組成的團體。Gaga 就是泰雅族的祭祀團體，是執行同一慣習或祭祀宗族儀式中最重要的組織，其祭祀範圍包括播種祭、收獲祭、獵頭祭、祈雨祭、祈晴祭、祖靈祭，以及脫離或加入 Gaga 等類的儀式。狩獵團體的身分同時也是祭祀及犧牲的團體，遇到重要慶典如婚禮、豐收祭、獵首祭、祖靈祭等，則視為全 Gaga 或社的活動。因此，它是一個共同狩獵、共同作戰或共同祭祀、共同犧牲的團體基本單位。每一個 Gaga 團體都有一位司祭者，有守護與主持的功能意涵，祭主有掌管其族內聯合祭祀的責任，

但有的部落則是每逢祭典就命男丁輪流負責祭祀。司祭的形成方式有：

1. 以宗族組成的 Gaga，由該族中的男性尊長擔任、2. 由 Gaga 所屬的社或部落的頭目擔任、3. 由世襲或由各社頭目協商選一人擔任。

3. 狩獵團體：同一個獵團，集體狩獵時大家分工合作共勞共食共享，是部落中或 Gaga 中男子所組成的狩獵團體。

4. 共負罪責團體：是共同遵守誡律和規範的團體。泰雅族人認為一切萬物皆為祖靈所有，所以族人違反 Gaga 必須出面認罪，並且舉行儀式。Gaga 是一種社會規範，是泰雅人日常生活、風俗習慣的誡律，也是最具有約束力與公權力的團體，可以算是泰雅社會之中，行為道德與社會律法的最高維護與審判者。

5. 共食團體：共食團體是泰雅族人生活活動之一，常見於婚禮、狩獵等，故有婚禮共食團體及受狩獵團體的分別。

6. 共勞團體：即一群人合作工作，共同合作勞動的意思。

這些團體的成員有互相重疊的特質，在不同部落，祭祀團體可能大於狩獵團體，其他的部落可能狩獵團體大於其他任何一個團體。但是各地的差異性頗大，無法一概而論。由於這些個團體都牽涉到 Gaga，同時 Gaga 的性質非常特別，所以在學界當中獲得最多的關注，成為不少學者的研究議題。

五、紋面習俗

原住民之中泰雅族以面部刺紋聞名，紋面是泰雅族非常重要的文化，代表文化面相與民族標誌，也是泰雅人的人生觀、價值觀與宇宙觀的縮影。臺灣紋面民族包括臺灣中部南投縣仁愛鄉境內賽德克族、東部花蓮縣秀林鄉萬榮鄉卓溪鄉境內太魯閣族以及磐踞南投縣北港溪以北整個中央山脈北段、雪山山脈之泰雅族和賽夏族等，這四個民族均有紋面的風俗。前面三個民族為泛泰雅

族，紋面的歷史最為悠久。賽夏族祖先居住在西部平原和山脈之間淺山地區，本來沒有紋面的習俗，因為偶而發生被泰雅族人錯認被獵首的意外，為求自保於是學習泰雅族的紋面模樣，請泰雅族的紋面師幫忙紋面，從此才有紋面習俗。

古時候紋面習俗在泰雅族社會一代一代地傳承，沒有紋面的女孩是嫁不出去的，男孩子如果沒有紋面就娶不到妻子。紋面對於男子而言，代表成年的標誌，也是勇武的象徵。對於女子，則是善於織布。除了美觀、避邪，代表了女子的善織、男子的勇武以外，紋面也是泰雅族死後認祖歸宗的標誌。傳統泰雅族的男嬰出生一星期後，族中長老便會贈送一把刀，家人會將他的臍帶放在打獵用的藤盒，由母親將其抱至屋外，向狩獵的路上，祈禱男嬰長大後成為勇猛的獵人。泰雅族男性是天生的獵人，男子到十二、三歲後，外出時必定隨身配刀。獵刀可以說是泰雅族勇士的生命，而且泰雅族的刀是原住民族群中，長度最長，彎度最彎，刀背最厚，泰雅族之勇士刀背厚達 1 公分以上，刀長甚至有超過 90 公分以上者。

泰雅族女子在十三、四歲的時候，由母親教導學習織布，並且開始為自己準備出嫁時的衣裳。當少女的織藝精進之後，就是准許在臉上刺青的時候了。

由於泰雅族剽悍善戰、堅韌耿直，因此在日本殖民時期，經常爆發激烈的抗日事件，其中以又霧社事件最為猛烈，所以泰雅族人的傳統儀式和文化，被日本人破壞和禁止的項目特別多，也強力受到日本皇民化運動的改造。西元 1914（日大正 3 年，民國 3 年），日本殖民政府推行皇民化政策，頒佈各項禁令，全面廢除紋面習俗，才使得紋面習俗停止，至今紋面的泰雅族都已過

世，現在我們只能透過照片了解紋面習俗。

現在泰雅族受到現代化的影響，沒有恢復傳統的紋面，僅有耆老在年輕時紋面保留，但都已凋零。現在所見的紋面者，是在祭典時臨時以顏料繪畫在臉上，所以紋面已成為泰雅族裔的共同記憶。泰雅族語稱紋面為 ptasan，有四種意義：

一、族群標記：

做為群體的區別，避免在戰爭械鬥時誤傷到自己人。圖紋可以分辨家族譜系，方便將來在彩虹橋上與親人相認。泰雅族傳說，人過世以後，靈魂都會走過彩虹橋，泰雅族的祖靈會在橋的彼端迎接子孫，紋面就是祖先留給後世子孫認祖歸宗的應允和約定。不同形式的紋面，可以做為本族內不同亞族、系統、群體乃至於部落之間的識別。

二、成人標記：

表示成年及其成就的標記，具有結婚資格，可以公開參加社群活動。若是達到一定年齡而未紋面，將無法得到族人的尊敬及認同，更無法論及婚嫁。

三、美觀標記：

是一種裝飾，一些非洲或大洋洲的民族思維類似，有花紋分明者為美。

四、成就標記：

就男子而言，是獵過首級，能夠勇敢獨當一面，保家衛社稷的標誌，是成年的象徵，顯示其勇氣和成果的代表符號。而女性，則是織布技術高超，獲族人認同者。紋面的意義除了美觀以外，就女子而言，代表善於織布，可以論及婚嫁的女子。

除了上述的意義之外，也有泰雅族

人認為紋面有辟邪的作用。至於在施行紋身者有一定之資格，必須貞節婦女才可從事此業，並有世襲的傾向。這種特殊風俗的專業，在日人強迫改變之下而漸漸消失。

　　一般男性以刺額紋與頤紋為主，女性則刺額紋與頰紋。但是獵頭多次成功的男子及織布技術超群的女子，在族人之中享有特權，在胸、手、足、額刺特定的花紋，為榮耀的表徵。

　　刺青紋面的工具，是使用長約 15公分木棒，在木棒的一端裝上牙刷狀的金屬針，和一支長 25公分的棒狀木槌，以及由爐火中取得木炭所製成的墨汁。被刺青者躺臥，由刺青的人單手將金屬針部份置於其臉部，然後以木槌擊之，所流出的血用薄竹片拭去後，最後將木炭塗在臉上，這種刺青方法在其他原住民間也很常見。

▲現在泰雅族已經沒有紋面，
　只在慶典時以黑筆塗上紋面
　的圖案。

◀以「紋面」裝扮的泰雅少女，
　有另類的美感。

六、宗教信仰

(一) 祖靈信仰：

　　祖靈信仰是泰雅族最重要的傳統信仰，所有的超自然存在為祖靈（Rutux），包括了漢人所謂的生靈、鬼魂、神祇或祖靈等，其中最重要的是祖靈。泰雅族在治病或消災祈福時，都必須祭祀祖靈，以免除化解 Rutux（大多數為祖靈）的懲罰，祈求獲得平安幸福。祖靈信仰是整合社會的重要機制，而這種信仰更與經濟生產結合，成為維持社會秩序的主要價值，也是早期泰雅族的唯一信仰。

　　泰雅族認為生存的最終目的，就是可以跟隨祖靈，進入神靈世界，這是每位族人在死後所嚮往的世界。泰雅族認為在生命歷程中，任何事物都以祖靈為主要依循方針，所有的祭祀舉行，必須依照祖靈的指示進行，才不致遭受懲罰。同時叮嚀族人不可觸犯祖靈，以免遭到祖靈懲誡，嚴重者可能禍及全族。

　　每年泰雅族的眾多祭祀活動，都呈現出他們對祖靈信仰的特有文化，以及對於先祖的緬懷，不同時節，有不同的祭祀儀式。祭祀的宗旨便是與祖靈充分溝通，感謝祖靈讓族人平安，祈求祖靈為族人消災、庇護。傳統的祭祀活動，諸如播種祭、收割祭、祖靈祭等，均為感恩祖靈保佑所舉辦的各項祭典儀式，藉由這些祭祀活動，真誠的祈求祖靈保佑與感謝祖靈的恩賜。這些祭祀活動中，祖靈祭的儀式，於每年七月間盛大舉行。

(二) 巫術與占卜徵驗：

1. 巫醫、巫術：

　　泰雅族的聚落依規模的大小至少會有一、二位巫醫，一般由婦女擔任。只要心地善良、生性勤勞、對人很誠懇，懂得 Gaga，以及 Rutux 的祈禱詞，就具有擔任巫醫的資格。巫醫多半是由母女或婆媳相傳，其職責是在族人生病或遭受災害時，經由祈禱施法的過程除去病魔，達到醫療的效果。各部落皆有司祭和巫覡充當溝通的媒介，有時由部落首領兼任司祭，在公眾儀式時向神明祭獻與祝告。巫醫以驅邪與治病主，擁有巫師祈福，以及醫療疾病的能力，但不擔任祭司主持重要禮儀。巫師則有黑白

▲泰雅族的占卜鳥希利克就是繡眼畫眉。

之分，黑巫術能害人，白巫術則是助人。

2. 鳥占：

　　泰雅族傳說 siliq（繡眼畫眉）能夠將堵塞在河流的大石頭挪走，所以被認為具有神力，並視為占卜鳥。泰雅族人從事狩獵、馘首、出外旅行時都必須依照鳥占行事。舉行鳥占有兩種方法：一是在固定處聽察鳥聲，另一種是在進行中聽察鳥聲。鳥叫聲流暢意味吉利，若是短促則視為凶兆，暫時不能從事狩獵、馘首或其他的事。若又在途中遇該鳥自面前飛過，也屬於凶兆，必須返回不能再往前。

3. 夢卜：

　　泰雅語稱夢卜作 mita spi 或 kspi，根據夢境判斷吉凶，尤其在牽涉到某些特別祭典儀式，必須透過夢卜辨別吉與凶。在進行出草或戰鬥時，族中勇士必在途中或出發前作夢，並以夢卜辨別吉凶。若夢卜為凶兆，必須即刻返回部落；若夢卜吉，則可繼續前行。

(三) 禁忌信仰：

泰雅族屬於多神信仰，禁忌因而特別多。一般而言，祭祀是依古代傳下來的儀式內容舉行，且有嚴格的禁忌遵守不得違反。

播種祭主要是向祖靈祈求作物能夠豐饒，讓族人的生計不致匱乏，於是成為許多祭祀活動中，禁忌最多的祭祀。在祭祀開始之前，或前一日要換火，就是將爐中的舊火丟棄重新生火，而且不能讓火熄滅，否則所播種的作物便無法發芽生長。在祭祀過程，不可以砍除生草，否則會導致作物的枯死。同時祭典過程中，必需極為的專注，千萬不可分心，以免任務無法完成，而影響作物的成長，所以不能與他人交談。這類的禁忌，都是以祖靈為中心而形成，表現出祖靈的權威之大，不得有絲毫敷衍了事或怠慢不敬。

泰雅族的傳統生活禁忌相當多，是將信仰融入日常生活，例如：不可污辱別人、不可以謊言作對天發誓的動作、不可亂說別人的是非，否則會遭到祖靈的輕重不一的懲罰。

另外，也有一些比較趨向神話方面的禁忌。互相打罵時，如果彼此懷恨在

▲賽德克族在紀念霧社事件的祭祀供品。

心，則會遭到祖靈的罰責，如果受到不平等待遇，或是遭到他人誣陷責打，而沒有報復的想法，則會受到祖靈的保護。生前行善，死後通過彩虹橋，獲得祖靈的庇佑。這些都是泰雅族的祖先用來激勵族人向善，所有的故事都有它正面的思維，讓族人在這樣的善良社會風氣下，共同延續子孫命脈，也讓社會趨向平和。

(四) 祭祀組織與祭主：

1. 組織：

Gaga 是泰雅族執行宗族儀式中最重要的祭祀團體，其祭祀範圍包括播種祭、收獲祭、獵頭祭、祈雨祭、祖靈祭，以及脫離或加入 Gaga 的儀式。狩獵團體的成員，可能同時也具有祭祀及犧牲團體的身份，重要慶典如婚禮、豐收祭、獵首祭、祖靈祭等，則視為全 Gaga 或部落的活動。

2. 祭主：

每一個 Gaga 都有一位司祭者，擁有守護、主持祭祀的義務。祭主有掌管其族內聯合祭祀的責任，但有的部族則是每逢祭典就命男丁輪流負責祭祀。司祭的形成方式有：1. 以宗族組成的 Gaga，由該族中的男性尊長擔任、2. 由 Gaga 所屬的社或部落的頭目擔任、3. 世襲或各社頭目協商選一人擔任。

七、歲時祭儀 / 節慶

(一) 歲時祭儀：

祖靈崇拜是泰雅族的基本信仰，由於祖靈的庇祐，族人得以豐收、豐獵和平安，所以狩獵生產、山田農業、經濟生產都有特殊的歲時祭儀，負責祭禮的單位即是 Gaga。泰雅族歲時祭儀以小米為中心，展開農耕儀禮，其間參雜捕魚和狩獵活動，並以播種祭、祖靈祭、收穫祭最為盛大。因此泰雅族人對於每年各個農事階段均配合農時而有不同的祭儀。

(二) 開墾祭（二月）：

早期泰雅族實施游耕，就是山田輪耕休墾制度。農田經過三、五年種植之後，土地的養分就消耗殆盡，必需開墾

新的耕地。在新年到一月之間，由長老
在某天的下午，到附近山區勘地，尋覓
到肥沃的土地之後，立即用當地的竹或
樹枝卜吉凶，然後返家，藉由夢卜取得
兆示。翌日清晨，夢卜是吉，即向家中
主婦說明，決定開墾之後，便邀請鄰居
親友邀助開墾。

　　新的田地必須先墾伐清除雜草，再
經過多日曝曬，風乾地面上的樹葉枯
木，然後以火燒清，這時主人會請部落
壯丁協助放火。放火燒前，請長者祈求
祖靈賜安順利，以免火苗因風勢過大產
生災害，然後請穩重和善的人先行燃
火。燒完後擇日再去清除樹枝及石頭，
方便播種小米。主人為了感謝親友族人
的相助，都會在園寮以酒食款待，祈賜
順利。

（三）播種祭（三月）：

　　初春山粟花蕾綻開時，祭團首領會
擇定一日為播種日，並通知同 Gaga 祭
團成員準備播種，家家戶戶遵囑搗粟釀
酒並點燃爐火。祭典當日清早起床後，
開始蒸祭獻用的小米糕，同時家中的
火種不可熄滅，祭典時以此火種點燃火
把，連同小米糕、少許酒、小米穗及小
鋤頭，由兩個祭司帶往耕作地。先到其
中一名祭司的耕作地，用小鋤頭鏟方尺

之地，舉行播種儀式，而後向祖靈祈求
所播下的小米穗能全部發芽。祈祝後將
小米糕撕裂一半，置於祭田中央，傾酒
其上，所剩小米糕、酒，由兩祭司在祭
田旁分食。在這之後，再赴另一位祭司
的耕作地，舉行同一儀節。泰雅族行祭
儀裡，最重要且最多禁忌的當屬於播種
祭。因為小米是主要農作物，如果不能
豐收，就會影響下一年度的生計。相關

的禁忌有：行祭前必須生火，且火種不得熄滅，否則小米種苗不發芽；不砍生草，否則稻秧枯乾；前往行祭時遇到他人不得交談，因為行祭的目的是向祖靈祈福。

（四）收割祭（七月）：

　　在小米成熟時，頭目先召集族人代表，議定開始收割前的相關事項，以及祭祀的作業規定。會議後，各家在收割當日的清晨，派家人到小米園地行祭禮，並邀請親友、鄰居協助，收割前行最虔誠的祭禮。每一家先到田裡割取數穗小米回家，一穗掛樹上，一穗種在田野，等收割完畢後，再掛一穗於倉庫屋頂。在祭祀日的清晨，選定兩人召喚祖靈，祈求好運，等到儀式結束後，族人即離開現場，不得回頭看。小米曬乾

後，在入倉前，家中長者要行藏穀祭禮，所有的部落族人在收割完成之後，由總頭目集合所有代表，籌備豐年大祭的相關工作，然後舉行豐年大祭祖活動。

（五）豐年祭（八月）：

泰雅族的豐年祭在停辦多年後，現在許多部落恢復舉辦。在收割祭之後，各家開始釀製小米酒，做為豐年祭饗宴之用。豐年祭前的狩獵是為了祭祀貢品，其獵期為一整月，由全 Gaga 團員參加。豐年祭前一個月屬於農閒時間，從八月初頭目見到月亮露眉時，就通知各家做糕並準備小米，以供上山狩獵勇士食用。然後男子進入深山打獵至下弦月為止，才攜帶獵物回家。與此同時，女子必須在豐年祭前完成織布，以及釀製歡度豐年祭的小米酒。

（六）狩獵祭：

出發前會先派遣二人在路上觀察鳥，以鳥卜預測吉凶，決定是否出獵。入山到達狩獵區域之後，先搭設獵舍，當天先夜宿於此，隔日才開始狩獵。狩獵是泰雅族最主要的經濟活動之一，畜養是次要的工作。經過數天的狩獵，勇士把獵捕到的野獸、鳥類集中整理分配，由狩獵隊長者率領回到部落。狩獵隊回到部落後，部落婦人準備好晚餐款待勇士，並且跳舞飲酒，慶祝狩獵豐收，婦女負責把獸肉醃製，用於豐年祭祖時款待賓客。

（七）新穀入倉祭（九月）：

是將收穫的新穀乾燥入倉的儀式。收割後的粟穀需曝曬乾燥、運回家之後，儲藏首批新穀時，須舉行新穀入倉收藏的儀式，同時祭告祖靈。

（八）開倉嘗新祭（九月）：

開倉祭是在收藏祭的後二日，其與收穫最後一批新粟須相隔兩天，這段期間嚴禁開倉。

（九）祖靈祭：

在農產品入倉以後，為了感激祖先的護佑，在祭祖時由頭目帶領族人到墓地附近祭祖，由頭目呼喊祖先，然後各家族開始唸祭文。祭祀完成之後，參加祭祖的人必需越過火堆，表示和祖靈告別。目前部分泰雅族部落將祖靈祭與收割祭合併為豐年祭。

泰雅族中的 Gaga（Gaya）具有祖訓的意義，屬於依血緣、共約、共祭為基礎的社會。又因泰雅族分佈地區遼

▲▼參加祖靈祭的太魯閣兒童。

閣，Gaga 之意各有偏重不同，其祭祀的型態大致如下：

1. 祭型：全部落在男性群體。早期祭祖女性是不能參與的。

2. 地點：早期部落遷移頻繁，沒有固定的墓地，只能選擇某一小路徑旁行舉行。近年來聚落定居，政府規劃固定公墓，現在都在公墓祭祀。

3. 祭時：農曆七月半破曉清早時刻。

4. 祭品：酒、小米糕、農作物、果實、魚類等，但是泰雅族認為祖先在陰間生活時，山豬是他們的獵狗，所以山豬醃肉不能作為祭品。

5. 祭文譯義：各家族的祭文不盡相同，其意思大致相同：「祖先們，我們帶來這一年耕作的農作物祭拜您，家族中的每一成員均依 Gaga，努力耕作，期待在您的庇佑下，明年再供祭物。」

（十）婚禮：

除了祖靈祭、播種祭之外，關於婚姻的儀式，是泰雅族社會最隆重禮儀，大致可分為以下四階段的種序進行：

1. 探訪：由男方選定工作勤快、身體健壯的年輕女孩，再請部落內有聲望的人前去女方家探訪意願。男方送一把刀給女方，代表求親的信物，如果女方願意就留下，不願意則委託他人退回男方。

2. 訂婚：雙方同意結為親家之後，再由家長選擇吉日，訂定男女雙方舉行訂婚儀式。

3. 擇日結婚：兩家在相處往來數年後，男女雙方也情投意合時，由男方家長邀請部落頭目前往女方家，商量婚禮日期及聘禮。

4. 結婚：結婚當天雙方邀請族人參加婚禮，並且準備大量的醃肉、粑、酒等，請族人分享，歡樂共舞二、三天之後，女方親人才在頭目指示下，離開男方家。

（十一）祈雨：

早期泰雅族屬於游耕社會，耕作成果容易受到氣候的影響。在祖靈信仰之下，泰雅族認為乾旱影響到收成不好時，歸咎於族人冒犯祖靈或族人違反祖先所定規矩，祖靈予以懲罰。面臨每逢久旱不雨，影響農作物生長時，長老便會帶領所有族人，到河邊露宿祈雨，包括生病或不良於行的人都必須參加。祈雨時的祭品包含農產品、獸肉，由祭司祝禱問卜，尋其原因。夜間露宿河邊，白天則可逢家工作耕種。平常露宿三、五天，遇雨即結束露宿返回家中。

泰雅族的生活形態，有點類似早期

漢人在黃河流域的狀況，其歲時祭儀與節慶有些頗有《詩經》中的情節，但是現代化之後，泰雅族也如同漢人一樣，祭祀禮儀改變了許多，年輕男士未必會狩獵，妙齡女子的服裝是到百貨公司購買的，雖然所有的禮儀多少都改變了，但是惟一不變的是祖靈祭。

八、泰雅族神話與傳說

神話是人類原始社會解釋所屬族裔的起源與發展，由當時人們集體創造，並且流傳下來，如果是由個人創作，並且沒有透過先民社會的世代傳承，這些故事再怎麼神奇，都不屬於神話。由於上古時代的知識水準有限，因此自古傳承的故事，經常籠罩著神秘的色彩，故事的主角大多具有超人力量，是原始人類的自我認知和願望的理想化。我們可以透過這些故事，了解到該民族的文化特色與傳承。

神話中的人物大多來自原始人類的自身形象。由泰雅族神話的內容，可以了解到該族屬於狩獵比較發達的部落，所創造的神話人物大多與狩獵有關，其次為農耕。神話中的英雄也以刀斧、弓箭為武器，並且可由其中看到泰雅族先民的一些事跡。

泰雅族的聚落分佈非常廣，傳統的領域在今日南投縣仁愛鄉、花蓮縣萬榮鄉以北的中央山脈和雪山山脈的海拔500-2500 公尺的廣大面積上，分佈的面積佔了臺灣山區面積的三分之一多。泰雅族內部族群分類複雜，相互之間文化仍有差異，但文化中最重要的部分，如 Gaga、紋面習俗是相同的，而且完整地保存。然而泰雅族分布太廣，居住地理環境複雜，各自都有獨特的神話故事，以下擇幾篇流傳較廣故事。

（一）祖先的起源

泰雅族人相信大霸尖山是泰雅族人的起源地。傳說以前在現在的大霸尖山有一塊巨石，每天都有希利克鳥在巨石前叫著，突然有一天巨石被希利克鳥推開，巨石崩裂，從裡面走出一男一女，

這是最早出現在地上的兩個人，也就是泰雅族的祖先。

隨著時間過去，這對兄妹日漸長大成人，但一直沒有其他的人類出現。妹妹很擔心再這樣下去就無法有新的人類出生。於是決定要和哥哥結婚，但是又怕被哥哥認出來而不願意和她結婚。她想到用黑炭灰塗在臉上，哥哥就認不出是她。

有一天妹妹告訴哥哥有一位女孩子，在天黑的時候會在山洞等他去娶回來，於是妹妹趁哥哥去打獵時，趕快燒樹枝做成木炭，又磨成炭灰塗畫在前額與兩頰，讓哥哥認不出她。天黑了，哥哥果然來到山洞，看到他的新娘。哥哥並沒有認出這個臉上塗炭灰的女孩子是自己的妹妹，兩人就結婚並且生下許多孩子，從此地上就開始有越來越多的人類。

（二）洪水神話（一）

很久以前大地發生大洪水，頭目帶領泰雅族人到大霸尖山去躲避洪水。但是洪水卻一直無法退去。最後問神的結果，必須將一對年輕男女丟入水中奉獻給神，才能退去洪水。但是部落裡面根本沒有一位父母願意犧牲自己的孩子。最後頭目只好犧牲自己的兒女來救部落

的人。頭目將兒子丟向山的右邊，將女兒丟像山的左邊。然後洪水立刻退去，只剩下一條水流。這條水流就是後來的馬達拉溪。大霸尖山的兩邊多了兩塊大石頭，看上去就像人頭上的兩片耳朵。

（三）洪水神話（二）

上古發生大洪水，海神告訴一占夢老者，只要獻給他一個女人，洪水立退，但沒有女人願犧牲，人們便把一醜女丟進水中，洪水不退，一位聰明的男子把身邊一美女丟進水裡，洪水就退了。

（四）洪水神話（三）

古時，有一位美女，她的父母認為把她嫁給別人家太可惜了，就讓她和哥哥結婚。結果受到祖靈的譴責，引發一場大洪水。人們紛紛逃到「papakku」去避難，並先後將一隻狗及一個老人投入水中，藉以祈神退水，都無法奏效。最後族人把這對兄妹夫妻丟入水中，大水終於消退，但是水退的太快，水勢很急，沖毀許多土地，刮山成谷，造成了今日的地勢。

（五）洪水神話（四）

海洋上升淹沒了土地，因此人們逃

到 towaqq 山頂。一個少女和青年被放進簍子，然後漂到海的源處。他們將阻塞海路的垃圾清除，海水就漸退了，他們終於可以回到家。他們看到家園滿地都是發臭的死魚，於是先將魚清理掉，把背上貯存的糧食放好，修剪耕地的雜草枝蔓，又種下許多農作物，從此糧食豐富了。

（六）洪水神話（五）

古時沒有深谷和斷崖，放眼望去幾乎都是平坦的平地。有一天洪水大氾濫，族人被迫不斷往高處遷徙，最後遷至大霸尖山峰頂。族人只好將一位不中用的人扔進水裡獻神，但是水勢不減反增，後來決定將頭目的女兒給獻出去，此時立即傳來斷崖崩塌的轟聲，隨後大水消退，從此之後地面上有了斷崖和深谷。

（七）神靈之橋 (hongu rutux)

泰雅族人相信人死後，如果要走向永生的靈魂世界，每個人都要通過彩虹橋。在橋頭的地方有彩虹日夜鎮守把關，無人能越雷池一步。把關者的任務就是要審斷你在世上一切的行為與心思。這一座雄偉的彩虹之橋，高大壯觀，與天頂相接，非常亮麗，高掛天空，像弧型的弓箭一般。橋的下方深淵有一條怒濤澎湃的大河穿越，裡面佈滿了窮兇惡極的鱷魚和巨蟒。橋的起點，有一棟等待著審斷人們生前邪惡與善良的房屋。審判者的身份是由已經死亡的人擔任，他們都是善良正義人的靈魂。

凡要走向永生靈界的人，經過這裡時，審判者立刻可以知道，這個人過去是不是好人，善良的人就毫不猶豫地讓他通過，若是被懷疑的人，會在通過橋之前，在手指塗上炭灰，然後讓他們擦掉，不會脫落的就是善良的人，讓他走上彩虹橋，走向人生的終極，永生的靈界境地。

反過來說，若手指的炭灰脫落了，就可以判定是頑劣的人，那麼他就不能通過彩虹橋，而是得走在彩虹橋下，據說那裡是充滿荊棘叢的艱辛的道路，佈滿黏性的草生植物，和許多可怕的吸血蟲。走上這條路的人，要忍受荊棘的刮傷及黏草的沾附，以及無數吸血蟲的攻擊，大多數在未達靈界前就倒下了。若未獲准過橋而硬要過橋的壞人，看守者會佯裝輕輕以手扶著讓他過橋，但是到了橋中央，他們會把壞人推下去，壞人會被橋下的大蛇或魚吞食。

（八）射日傳說（一）

遠古以前太陽是個大熱球，籠罩整

個世界。大地非常炎熱，人類快活不下去了，而且太陽整天都不下山，大地因此沒有黑夜與白晝的分別。泰雅族的長老遴選三位驍勇善戰的戰士，並且各背著一位幼童，往太陽的方向出發。途中他們沿路播下果樹及小米的種子，以備回程時可以指引路向。經過了許多年，這三位年輕的勇士已經變成白髮蒼蒼的老人了，隨著時光的推進，老人們也駕鶴歸西了。當年背在襁褓中上路的幼童已經長大成人，三人決心繼承前輩的遺志，繼續向太陽光出現的地方邁進。

經過數十年艱辛的旅途，他們終於來到太陽的老巢，三個第二代勇士取下弓箭，拉滿大弓奮力地射向太陽，正中太陽的中心，太陽隨即開始流血，並且溫度也降低，大地開始有了涼意。太陽因為受傷了，每天都要下山療傷，三位勇士征服烈日的任務終於成功。轉身踏上歸途，他們一邊走回家，一邊採擷以前他們長輩為他們播下的果實和小米來果腹。這時果樹已經長的比他們還要高，小米則蔓植成一大片小米田。當三位第二代勇士回到家鄉的時候，家鄉的人已經不認識他們，這時他們已經是白髮蒼蒼的老翁了。

（九）射日傳說（二）

在遠古的時代，天上有兩個太陽，沒有月亮，兩個太陽輪流照射著大地，人們因此熱到受不了，地上的植物也都枯乾，河川沒有水。人們無法適應這種環境，困苦不堪，想了種種的法子要改變這情形。

最後有一個人想到，如果將一個太陽射殺，或許可以分別出晝夜。於是選了三名強健的青年，各自背著嬰孩，向日出的山谷出發，並在沿途中灑下食物的種子，以備將來回家時可以認得回家的路。由於路途遙遠，當他們到達時，原先的三名青年已經老死，而那三個嬰孩早已長大成人，並且繼承遺志將太陽射殺。太陽慢慢升了上來，其中一位青年用弓箭射向太陽，受傷的太陽血濺向四方，受傷太陽變成了現在的月亮，那些濺向天空的血，就成了現在的星星。另一個太陽就逃到了天上，就是現在的太陽，自此才有晝夜之分。

（十）星星的故事

在很久以前，有一位泰雅族青年Sasan（早上），是一位英俊瀟灑又勇敢健壯的人，村裡有許多少女都很仰慕他，不久他與頭目的女兒Lapay成婚，更不知羨煞了多少青年男女，大家都認

為他們真是天生的一對。據說，結婚沒多久，新郎 Sasan 就與一些親朋好友在山上打獵，臨走時他跟新娘說好了，五天後在「猴子山」見面。

五天約定的時間轉眼就到了，一大早 Lapay 就背著 kiri（背簍）上猴子山去迎接他的丈夫狩獵歸來。在山上的路途中，他遇到一個叫做 Tanah（紅）的青年，便問他有沒有看到 Sasan，Tanah 回答說：「Sasan 獵到很多獵物，所以可能還在後面。」於是 Lapay 就繼續往山上走，不久碰到第二批下山的人，向他們打聽 Sasan 的消息，他們說：「Sasan 背負的獵物太重了，所以你要上山去接他。」Lapay 本來就已經等的很著急了，此刻更加埋怨 Sasan 竟然落後那麼遠，所以就很不情願的背起背簍往山上走。

又走了許久，好不容易遇到一位衣衫不整的陌生男子，Lapay 就上前問他：「有沒有遇見一位叫 Sasan 的青年？」對方抬起頭來有氣無力的回答說：「什麼？我就是 Sasan 啊！」Lapay 又累又氣的回答說：「你別開玩笑了，我的先生既漂亮又乾淨，怎麼像你這樣又髒又醜呢？」

對方極為生氣的說：「你不信就算了。」說完就背著獵物，頭也不回的走

下山去了。Lapay 又繼續向前走了很久，卻再也沒有遇到什麼人了。

最後只好頹喪的下山回家。Lapay 深夜到家的時候，竟看到 Sasan 已經在家裡，他一看到 Lapay 就很生氣的對他說：「你既然因為我太髒而不敢認我，那麼就讓你看不到我。」說完就奔出屋外，消失在黑暗中了。Lapay 哭喪著臉追到門外，看不到 Sasan 的影子，只有望著遠方痛哭流涕。不久，明亮的星辰出現在天邊，從遠方傳來的聲音：「Lapay！Lapay！不必再哭了，以後若想見我，就是在這個時候。」後來，當地人就稱星晨為「lksasan」。

＊ lk 是泰雅族人對死者的尊稱，sasan 就是早上的意思。

（十一）泰雅族－占卜鳥希利克

「希利克」在臺灣鳥類的分類上屬畫眉科，名稱為「繡眼畫眉」。其特徵為頭部、臉及後頸是灰色，頭部兩側各有一黑褐色縱線，眼之周圍有白色眼圈，是山林中極為普遍的留鳥。常發出急保的「唧、唧、唧…」、「擠、擠、擠…」之鳴聲。

泰族、排灣族、布農族之原住民，常會以這種鳥類的叫聲次數及發音位置，作為判定當時吉凶的預兆，稱作

「鳥卜」。泰雅族稱這種鳥鳴聲為「希利克」，「希利克」這個名稱源自於一個古老傳說。

古時候深山裡到處生長著茂盛的樹林，樹林裡住著許多動物，有黑熊、雲豹、石虎、水鹿、山羌、獼猴等；還有各種鳥類：高貴的帝雉、漂亮的藍腹鷴、威猛的蒼鷹和許許多多數不清的鳥兒們，牠們在寬廣的森林裡遊戲並過著愉快的生活。

一風和日麗早晨，森林裡的鳥兒們正聚集在一起快樂的歌唱著，突然有一隻鳥兒提議說：「大家來比一比力氣，看誰能把岩壁上的那塊大石頭推到溪谷裡去，大家就選牠為最聰明的鳥。」大夥兒覺得這種比賽很有趣，於是爭先恐後地要試試看！最先出來的是山雉雞，牠拖著身上美麗的長尾巴，神氣的踱著步伐來到大石前。這時才發現所謂的石頭竟然那麼巨大，牠開始猶豫起來；最後，牠改變主意，放棄比賽。

接著大老鷹飛到大石上，用巨大的翅膀奮力拍著大石，結果雖然把石頭搖動了，卻無法讓石頭滾下溪谷，只好垂頭喪氣地飛走了。接下來，許多鳥兒都一一試過，還是沒有一隻能推動大石。最後輪到一隻長的非常不起眼的小鳥，牠的名字叫「希利克」；兩隻眼睛帶著白眼圈，頭頂上有著藍黑色的羽毛，身上其它部份則是橄欖色的，身材比麻雀還嬌小。當牠站出來說：「讓我來試試看！」時，大家都笑得東倒西歪。但是牠根本不管大家的嘲笑，只是奮力地拍動翅膀，高高地飛過大石，然後從遠處疾下，嘴裡還悅耳地發出「吱－吱－」的叫聲；看到牠像箭一般衝向大石頭，大家不禁驚叫起來，因為大石頭居然移動了，並且轟隆隆地滾到溪谷去。於是，大家相信希利克鳥一定是神派來的，才會具備如此的神力，便選希利克鳥為最聰明的鳥。

這件事被泰雅族的祖先知道了，他們相信聰明的希利克鳥一定也能幫助解決人類的問題；從此以後，祖先們凡是要舉行結婚喜事，或是出門打獵、出草，甚至有關於耕種的事情，在開始做之前，都要先聽聽希利克鳥的鳴叫聲，或是觀察牠飛行的方向或狀況。當牠發出悅耳的「希－希」聲時，就表示族人可以按照計畫去做事；若聽到的是急躁、短促的鳴叫「吱、吱」，或是在族人的面前慌張地亂飛，就表示不吉利。

這時如果勉強採取行動，一定會碰到困難；如打獵受傷或傳染病等。從此，希利克鳥就變成泰雅族人最愛護的鳥兒。

▲繡眼畫眉。

▲繡眼畫眉餵食幼鳥。

（十二）小孩變老鷹

　　泰雅族祖先傳說老鷹也是人變的，雖然他們並不喜歡變成老鷹，但是因為他們不受父母的疼愛，才變成老鷹。當老鷹還是人的時候，母親常常欺負他。

　　有一天，母親告訴孩子：「你到外面去掃地。掃好了就給你佩戴的飾物！」當孩子掃完了外面的地，對母親說：「媽媽！地掃好了，請給我佩戴的飾物！」母親卻說：「你的工作還沒有完！現在你去汲水，把水汲回來了我就給你佩戴的飾物！」孩子去把水汲回來，對母親說：「媽媽！我把水汲回來了！」

　　母親卻回答：「你的工作還沒有完哪！現在你去撿柴回來，我才給你佩戴的飾物。」孩子把柴撿回來，對母親說：

　　「媽媽！我把柴撿回來了！把佩戴的飾物給我吧！」

　　母親又回答：「你的工作還沒有完哪！現在你去擦我們的床鋪，做完了就給你佩戴的飾物。」孩子擦好了父母親的床鋪後，對母親說：「媽媽！床鋪已經擦好了！請把佩戴的飾物給我吧！」

　　這時母親卻又說：「你的工作還沒有完哪！現在你去掃廁所。做完了就給你佩戴的飾物。」當孩子掃完了廁所，又向母親要佩戴的飾物時，仍然得不到。

　　母親反而對孩子說：「我是在騙你的，說是要給你佩戴的飾物，其實，我是要訓練你啊！你看！現在你多會工作呀！」孩子聽了既失望又生氣地說：「好！你們欺騙我。你們會後悔的！」

　　孩子說完，自己到倉庫拿佩戴的飾

◀泰雅族居住山區常見的黑鳶。

▲泰雅族居住山區常見的魚鷹。

物，並且拿起羽毛，把自己的身體包了起來。然後對母親說：「你們都欺負我，看吧！看我！我要走了。」父親走出屋外朝著聲音的方向看，孩子已經變成老鷹飛到屋頂上去了。

孩子看父母親出來之後，便對他們說：「你們就是拿出更多佩戴的飾物來挽回我，我也回不去了。」又說：「你們也不是見不到我，以後我會飛來停在屋頂上。你們可以把雞養在屋外，讓我抓到高處去吃！」後來泰雅族人飼養的雞常常被老鷹抓去，並在屋頂上吃掉。（泰雅族 塔科南村）

（十三）巨人傳說

從前有位叫哈路斯的巨人，無論多大的河，一步就能跨過；無論多高的山，只要走兩三步就能到達山頂，在山頂張開手臂，無論什麼樣的山都能抱住。他時常惡作劇以指尖推倒房舍，致人畜於

死地。在暴風雨的次日，溪水上漲，人們無法渡到對岸時，他就以陽物代替橋樑，讓人們走過去。女子借用時都能平安的從陽物上走到彼岸，但是男子過河借用時，陽物往往會震動得搖擺不停，有時還會把人震落到河裡。

當泰雅族人在森林狩獵時，哈路斯會先用鍋蓋大的耳朵，聆聽獵狗發出驅趕獵物的聲音，知道獵物逃亡的地方之後，他會先躲在獵物逃竄的樹叢後面。驚慌逃命的野獸，只會注意到身後追捕的獵狗，哈路斯用鼻子聞嗅到驚恐獵物的味道時，就能輕而易舉的擒獲獵物。等到泰雅族人興沖沖來到安放陷阱的地方時，只能氣急敗壞的看著哈路斯享用他們辛苦驅趕而來的獵物。

讓泰雅人無法忍受的事情是，哈路斯對於戲弄男人掉到河裡的遊戲不再感到滿足之後，他轉而戲弄女人。趁男人不在的時候，哈路斯伸出他兩股間的玩意，像柔軟的蛇類彎彎曲曲的伸到屋子裡，敏捷的鑽入女人的裙下，有時候順著泥地繞過屋宇，假裝成女人織衣的麻線，更過分的事，他會在星月滿天的晚上偷偷地躲進竹床下，一直到他滿足地離去。

泰雅人的憤怒自然是不可言喻，但是哈路斯的身體巨大、腦筋狡猾、動作又靈活，沒有人有辦法解決他。有一天晚上，年長的智者夢到一顆滾動灼熱的太陽奔向部落，眼看就要焚毀部落，但在此刻驚醒，這個夢給了智者啟示，於是著手設計除掉巨人哈路斯。

智者對著躺在河床上的哈路斯說：「為了表示對你的敬畏，我們決定尊你為巨人並且供奉你。」哈路斯覺這主意不錯，更毫不羞恥的說：「你們準備怎樣尊敬我啊！」智者飄動著智慧的白髮說：「我們每次打獵，把最大最肥的野獸奉送給你，你只要在山谷躺著、將眼睛閉起來，舒服而安詳的張開嘴巴，就可以享受肥美的獵物了。」哈路斯愉快的回應：「很好，你真是個體貼的老人。」

當泰雅族人回報狩獲獵物之後，就暗中將許多大石頭燒紅，同時智者估算山上石頭已經燒得通紅時，就說：「偉大的巨人哈路斯，你現在可以享用美食了，張開你的嘴巴吧！」於是哈路斯閉著眼睛安穩躺下，四肢放鬆，嘴巴張開、露出貪心的舌頭，耳朵聽著大自然的律動，聽到溪水潺潺的流動聲，也聽到山上的泰雅族人大聲的喊著：「最大最肥美的山鹿來囉！」

當哈路斯吞下第一口「美食」時，泰雅族人還看得到他最後一次微笑的

樣子。當哈路斯發覺有異，張開驚恐莫名的雙眼時，又有一顆熾熱的、燙舌的硬物奔入嘴中，先前的一顆硬物已經滾動到喉嚨，他已經無法吐出來，哈路斯因此被燒成炭焦，再經過三次月圓的時間，那灘黑色的炭焦才被暴雨沖刷乾淨。從此泰雅族人集體上山狩獵時，再也沒有人抄捷徑私吞獵物，從此所獲得的獵物大家一起分享，也沒有巨人騷擾婦女之事，部落的人們從此過著平安的日子。

九、工藝

(一) 男女衣服

泰雅族的衣服分為長衣，短衣，裙子，披風，胸兜，綁腿，遮陰布等七種。兜襠的款式男女完全不同，護腳布只有女子使用。男子頭部戴帽，婦女用頭巾。男女腳上都不穿鞋。泰雅族的衣服，無論在結構上或衣服的種類上，男女的限制都很少，有很多衣服都是男女共用。婦女不穿無袖短上衣，遮陰布，其它服裝都可以和男子共用。裙子本來以女性為主，但男性又可以穿珠裙。童裝形式和成人相同，但尺寸較小，花紋較簡單。衣服分夏天和冬天的，但結構上相同，厚薄也一樣，只有不同件數的分別，夏季與冬季的差別，在於件數的多少。

泰雅族的衣著是隨著場合而變化的。工作時以保護皮膚與保暖為主，男子上身穿無袖的工作服，下圍遮陰布。女子下穿粗布白裙。慶典、宴會及約會時，男女都穿著禮服，只是女子穿的裙子以絨線織成的條狀花紋為主，男女皆需穿肚兜。出征時，為了行動方便，鼓勵士氣，男子都穿戰服及披肩，頭戴熊皮帽。泰雅族人用他們久遠的歷史造就了他們燦爛的文化，以及他們美麗的衣飾、豐富多彩的生活。

(二) 男女衣飾物

泰雅族佩戴在身上的裝飾品，有頭環、耳飾、頸飾、胸飾、臂飾、手環、指環、腳飾等等。泰雅族的飾品有男

▶泰雅族少年的服裝與頭飾。

▼泰雅族於慶典舞台上展示各
種傳統服飾。

女共用的，男性或女性專用的，特殊資格才能使用的和任何人都可以佩戴的。男人們佩戴的有男壓髮箍、菌形耳飾、貝錢頸飾、野豬牙臂飾、臂鈴貝珠串腰和腿飾。女人戴金屬手鐲、貝片頸飾、扇形耳飾、梯形耳飾和女壓髮箍。男女可同用的有貝珠串發繩、貝珠串腕飾和裸飾。泰雅族的飾品也有深遠的歷史及文化意義。泰雅族是以狩獵及獵首來衡量男人在社會上的價值，許多男人的飾品是以獵物的器官來製成，如獸牙、毛皮，此類飾品代表功績，也顯示社會貢獻。

（三）織縫文化

泰雅族的紋面是特殊而美麗的，承載著泰雅族的歷史，也為泰雅族的衣飾增添了無限的魅力。因為地域的不同，泰雅族的服飾也與別族飾有所不同。泰雅族的衣服顏色有素色的，也有由各種色彩編織的花樣。衣服上的織紋記載著泰雅族的歷史，泰雅族人的生活方式和宗教信仰，有的織紋形狀如同彩虹，和紋面一樣代表宗教信仰中的彩虹橋，通過此橋就能和已經過世的祖先見面。有如同眼睛一般的織紋，透露出泰雅族人對祖先的崇敬。臼米形狀的織紋則代表小米在農業、飲食及祭祀上的重要性。

還有鳥爪的織紋，代表泰雅族十分尊敬的一種鳥（sileq）。道路形狀的織紋，則顯示以燒墾方式的族人必須時常遷移的歷史。

在泰雅族的生活中，狩獵及獵首決定了社會上對泰雅族男性的價值。女性而言，紡織技術則決定她們的社會地位，紡織技術的好壞是很重要的，因為技術好壞不但影響到衣服的美觀，還會影響到她在社會上的地位，織布技術好的女性，不但名聲佳，而且上門提親的人也會比較多；反之技術差的，不但名聲差，也乏人問津。女性在紋面後，才能開始織布，也被認定為成人，才可以嫁人。紡織過程非常繁瑣，需要細心及耐心，男性在這方面不如女性，所以男性只負責工具和栽種麻。因此，衣飾對泰雅族而言，並不單純是穿戴用的，而和歷史，宗教，生活，環境及風俗習慣都有很大的聯繫。

泰雅族的服飾經歷了長期多樣的演變，已經形成了獨特的體系。現在原住民文化隨時代的推進，受到漢人主流文化的影響，已經和從前不同，生活習慣也由從前的狩獵、耕種和織布，改為上班、通勤和購物。泰雅族的文化資產在生活型態改變後，也面臨消失的危機，只能把原住民文化以書面資料、相片甚

至影片等各種方式保存，不受時間及環境的影響而能流傳下去。

(四)服裝使用的材質

泰雅族傳統服飾或織物所應用的資源眾多，早期以自製的苧麻線為主，其次為交換得來的棉線及毛線混合著織布，製作棉布衣服。服裝的形制是以較古老的方衣形態保存，如上衣是以兩片同式的長方織花布或平織布縫合，預留前襟、袖口而成。片裙和披巾則是以同式三塊織物連縫加綁帶製成。色彩色譜大抵是以藍、黃、紅、黑、白組成，織物的紋樣還是以菱紋及橫條為基本元素

加以組合變化，使織者有依循的織路。

(五)水平式腰機

水平式腰機就是織機一端的布夾繫於紡織者腰背上，是一種裝有背帶置於織者腰背部以繃直經線的移動式水平織布機，其分件工具共包括有經捲、綜絖棒、繫經棒、隔棒、刀狀打棒、布夾等。早期泰雅族人以野生或自栽之苧麻為材料，後來逐漸使用對外交易得來的棉、毛等色線。作法是將染過色的毛、棉線料配置在緯線上，運用夾織手法，挑出立體花紋，使布匹更具有層次感。泰雅族的編織圖案因不同地區而有些許

▲太魯閣族婦女操作水平式腰機。

差異，這些紋線皆具特殊意義，或代表族人遷徙路線，或述說家族歷史，其中最普遍出現的圖案，便是象徵祖靈眼睛的菱形紋。

　　泰雅族是臺灣原住民中最擅長織布的一族。傳統的泰雅族編織工藝可分為女子的織布和男子的編器，女子大約在 15 歲至 19 歲學習織布，且包括種麻、剝麻、整經、上架、織布等程序。依泰雅族的習俗，一般紋面待嫁的女子，必須要學會紡織的技巧。如果織布技術特優者，則在身上刺以特定的花紋，作為榮耀的表徵，她們將成為青年勇士追求的對象。織布技術的好壞，也是評鑑泰雅族女子能否嫁個好夫家的重要關鍵。同時更決定著死後能否通過彩虹橋，與祖靈相聚。

(六) 編器

　　臺灣盛產竹籐，因此各族都有以竹籐為材料，編成各種日常用的器具，大的如背框、籮筐，小的像首飾盒，各族編器以泰雅族最為出色。編法主要有兩類，一為編織編法、一為螺旋編法，竹材較適宜編織編法，最常見的有斜紋編法和方格編法。螺旋編法用籐材，由於籐比竹少，所以較少見。

▲泰雅族阿嬤與傳統的背框。

▼泰雅族現代化之後，傳統的編器仍然還存在。

(七) 口簧琴

臺灣原住民常用的樂器有口簧琴、弓琴、口笛、鼻笛、鑼（以木或竹為材）等。其中口簧琴和口笛分佈最廣，各族都有使用，而且廣泛分佈於東南亞和太平洋地區。口簧琴是在剖半的薄竹片上挖出細長條的小凹槽，並在它的內部鑲入黃銅簧片，簧片數量由一片至四、五片不等，並在竹片兩側縛上細線。吹奏口簧琴時，用左手持著一端，嘴唇就孔，一面以右手扯動細線，呼吸時即會造成簧片震動，而發出聲音。傳統原住民的青年男子，為追求心目中心儀的對象，會一面吹奏口簧琴，一面加進話語，以傳達思念的情意。

(八) 貝珠衣

泰雅族沒有具體的錢幣制度的，他們採用物物交換的方式，或以貝殼當作貨幣作為交易媒介，所以貝殼製成的衣服飾品，被視為是最貴重的東西，傳統婚禮的聘金，時常以若干件珠衣，珠裙來計算，如想成為巫醫，拜師前也須付給師父一件珠衣。

▲演奏口簧琴的賽德克婦女。

▲泰雅族飲用小米酒的竹器。

　　由於泰雅族貝珠衣既貴又重，現存社會中已不多見。其材料是以厚重的硨磲蛤磨製成細小圓柱狀的白貝珠，橫綴或縱綴並排對齊於麻織布。一件長背心約須用上千粒的貝珠綴飾，一般重約3、4公斤，為泰雅族最貴重的禮服。衣服形制有長背心、珠裙、胸布及護腳布等，也有腰飾、腳飾、腕飾及臂飾等裝飾品。過去只有族長、親團組織的首長，以及獵頭最多的勇士，在特定儀式舉行時才可穿戴。它雖具有衣服的形式，卻因過重而失去衣服的實質功用。曾經作為貨幣使用，以換取物品。另一功用是結婚時男方送給女方的聘禮，少則一件，多則數十件不等。

十、建築

　　泰雅族的建築以家屋為主，附屬建築有穀倉、豬舍、雞舍、獸骨架、望樓及首棚，其中尤以望樓最為突出，為其他原住民沒有的。穀倉散立於家屋聚落中，泰雅族的家屋是一個極平凡的矩形，由於入口方向不同，有長邊及短邊正命的差異，但是房屋的四隅作為床舖則相當一致。

　　屋內的角落有三石灶，有兩個房間，夾著爐灶相對。房間是以竹子作為牆壁，一邊的的房間給男主人睡，另一邊的房間給女主人睡。另外在男女主人房間外面的地上鋪鹿皮或布毯，是小孩子睡覺的地方。古代泰雅族晚上睡覺沒有棉被，利用爐灶點火燒柴取暖。泰雅族家屋主要可分為半豎穴式木屋，與平地竹屋兩種基本形態。

◀▲泰雅族傳統的石板屋。

(一) 半豎穴式木屋

先打造基屋，再沿土垣內豎主柱及內外柱，以四根角柱為主要架屋，做為立柱，然後在內外兩柱所夾成的空間內堆置橫木，期間有空隙處以土石填塞，築城牆壁。搭架樑的方式，是在中間一列高柱上先架棟，與棟平行處架中樑及邊樑，在棟與邊樑間斜架椽多根，用藤皮綑縛之，構成屋頂支架。蓋頂材料有石板、樹皮、茅草、以茅屋頂最常見。安門窗時，在橫廣場之前壁中央留置空間安門，後壁留置小窗三、四處。一般木屋是一家一室，室內之安置方式，是以室內中央為地灶，四隅靠牆處為床，沿著牆邊掛有火槍、番刀、農具等。

(二) 平地竹屋

泰雅族的平地竹屋，在基地面積與家屋形方面，與半豎穴式家屋相同，為矩形兩坡屋頂家屋。屋內與室外在一水平面上而異。除樑柱使用木材外，築壁蓋頂用竹材。室內土地，牆壁下墊以石片，室外沿牆屋椽外，擁土墊高為走廊，用來防水。

▼太魯閣族的祖靈屋。

▲為了讓兒童了解傳統的屋舍，在慶典中臨時搭建的竹屋。

（三）附屬建築物

1. 穀倉

　　泰雅族人的住屋，大部份只有主屋一間，少數住屋有附屬建築物，穀倉是最常見的附屬建築物，通常建在住屋的前面或附近的空地上。穀倉有四根腳柱，每根柱子都磨得很平滑，柱子的頂端皆裝有一塊平滑的木板或鐵板，以防止老鼠爬到穀倉裡偷吃糧食。泰雅族人要上穀倉取糧食的時候，要用木梯爬上穀倉，用完後要立即卸下，防止老鼠沿著梯子爬上穀倉。

2. 首棚

　　臺灣的原住民除了蘭嶼的達悟族（舊稱雅美族）以外，其餘的過去都有獵首的習慣。泰雅族人過去獵首的習俗，歸納其原因有報復、保衛勢力範圍、祈福消災。首棚是依照頭顱的新舊，由右至左依序排列，放置於頭

骨架子，通常設置在部落頭目住屋的前面或附近。首棚以竹竿或圓木棒橫列上下兩根，兩端以交叉兩根棒子架起，離地約1公尺到1.8公尺，長約3.6至5.4公尺。臺灣原住民族獵首的習俗，早已在日治時代被禁絕，現在原住民族的部落裡幾乎看不到首棚了。

3. 望樓（敵樓）

望樓建築是為全社之公共建築物，或是作為社內的集會所。過去泰雅族人會在部落的入口處設置瞭望台，主要作為防禦之用，警戒看守來襲外敵。望樓上的警戒任務通常由族裡的青年來擔任。白天監控敵人來襲，晚上由青年來擔任警戒任務，是泰雅族的建築特色之一。瞭望台是一種高台式的建築物，以十幾根圓木或竹子為柱子，高度大約3到9公尺之間，上方平臺長寬各約1.8到3.6公尺，以木板做成方形的台面，面積大約可以容納三四個人。由數十根圓木支柱交叉斜立於地，高腳木樁建築結構，在離地約三公尺左右鋪木板，並做牆壁再用茅草鋪蓋兩面傾斜的屋頂。側面有一個入口，其他三面則各設一個窗口，面積大小不一，但通常為1.5至2坪，大約可容納三至四人左右。內部空間高度約1.2～1.5公尺，地板中央放置石板作為火爐使用之處。在上下瞭望台時，以木材或竹子做成梯子的踏階，並在梯子側面斜立一根木頭或竹竿作為扶手，平臺四週還設置狹窄的迴廊通道，可供站立眺望。

◀烏來泰雅民族博物館的望樓模型。

▶混合現代鋼構建材的望樓。

4. 田中耕作工寮

　　由於泰雅族採用聚落方式居住，早期又實施游耕制度，往往農田與家屋的距離很遠，當耕地遠離住屋時，為避免在播種或收穫之際每日往返，就在山田旁邊搭建簡單的耕作工寮，在播種及收穫期間暫時居住。此外到遠方狩獵需宿數夜時，也會臨時在獵場設置小屋。泰雅族的耕作工寮，形式與家屋相似，只是略小簡單。田中耕作小屋的功能，能暫時棲身之外，還可兼作為倉庫，收割的農作物、耕作農具都放在這裡。在農忙的時候，家中生產者都集中住在小屋，白天在田裡工作，夜間就居住於此，直到農事完畢時才回到部落，恢復正常的生活。小屋的設備很齊全，有些人家還把雞養在這裡，農事期間也常來走動。

5. 畜舍

(1) 雞舍：泰雅族幾乎每一家都有雞舍飼養雞，雞舍和穀倉一樣。雞舍以竹子或木材做支柱，在地上建築低矮的小草屋，也是木竹牆，頂與四壁都是竹子。雞舍也有高架式建築，形似穀倉，主要為防止野獸侵擾。

(2) 豬舍：泰雅族人普遍養豬，做為肉食來源，以及祭祀之用，用木材做柵欄，其內養豬，柵欄內建築一間足以遮蔽風雨小草屋。

6. 青年會所（青年宿舍）

　　此為泰雅族公共建築，只是單純的青年宿舍，不像卑南族屬於神聖或莊嚴會場，僅僅只是純娛樂性質罷了，不具政治或宗族意味。其外形與家屋相似，唯一的差異是家屋的地面是在地平下，而青年宿舍是建於半空中。在建築材料與家屋也有差別，青年會所不用石板為屋頂建材，以茅草為屋頂。青年會所泰雅語稱為Laka，是一種公共性質的建築。在泰雅族社會中有一項習慣，兄妹不可以共床睡眠，年長的哥哥必須到戶外尋找棲身的地方，於是就產生了青年會所。青年會所的設置，一則使得家中兄妹分床而睡，再則具有守望相助作用。青年會所是由幾個青年自律組合而成，因此，它與 Gaga、部落沒有關係。青年會所可以一家建一個，也可以幾個人合建一個，因此，一個部落的 Laka 數目並不固定。

十一、飲食文化

(一) 食物種類與烹飪方式

泰雅族居住山區，以山林狩獵、燒墾遊耕為其主要的經濟生活，所以在食物方面以山產為主。

主食的穀類為米、小米及黍。小米都是在收穫之時，將穗分別捆綁成許多小米束，然後放在太陽下曬乾，不去殼直接連穗貯藏在倉庫，食用前放在臼上搗去穀和糠，再料理食用。米粟又分為黏性與無黏性，無黏性煮成飯，黏性用臼搗打後食用。接近平地的泰雅族以稻米為主食，而深山的泰雅族則是以粟黍、番薯為主食。現在交通方便，泰雅族的主食與漢人相同，大米與麵食成為主食。

食用的蔬果類有甘薯、瓜類、豆類、薑、芋頭、果實、香菇、芭蕉心、籐、bunguw 喬木嫩芽等。肉類食物以山區狩獵獲得的獸肉為主，以山區溪流的漁獲。獸類包括山豬、鹿、羌、山

▲原住民是將曬乾的小米綁成一束，然後直接儲存。

羊、山貓、熊、豹、穿山甲、兔子、豬、水牛、雉鳥等，漁獲有鯝魚、鯉魚、香魚、石伏魚、鰻魚等。

泰雅飲食的烹飪方法有烤、煮、蒸三種，三餐主食為蒸煮的粟、黍及米、粥或地瓜飯。在田園工作或是入山林狩獵時，所攜帶的乾糧為飯團或地瓜等。此外，宜蘭地區潮濕，食物不容易保存，在沒有電氣化冰箱的年代，往昔宜蘭縣大同鄉泰雅族發展出煙燻保存食物的方式，至今已不多見。

（二）泰雅美食

1. 竹筒飯：泰雅族以米飯為主要食糧，但因為經常要外出工作，發明了獨特的竹筒飯。外出的泰雅族會把米帶在身上，到肚子餓的時候，便砍下較幼小的桂竹，在兩個竹節之間，上方留孔，下方密封，把米從孔隙中倒進去，然後放入火上烘烤，把米飯煮熟，吃時只須把竹子掀開。這種烹飪方式，除了有原本米飯的氣味，還有竹子香味。早期泰雅族的竹筒飯，僅有單純的竹香原味，現在發展出加入香菇、雞肉等食材，使得口味多元化。

2. 得麼面（Tmmyan）：泰雅族的傳統美食，特殊的醃製食物。醃製的東西有飛禽、獸肉、牲畜，以及魚類等，幾乎所有肉類都可醃製，現在以豬肉最多。是用還沒有完全煮熟的小米與鹽混合，夾在肉中醃製，然後放在容器內發酵。醃好的肉帶有濃郁的酸味，直接生吃，一般漢人不敢嘗試，許多原住民族裔都有類似的料理，他們認為非常可口。為了配合不敢生食的朋友，新北市烏來區泰雅族發展出醃肉炒珠蔥，是一道著名佳餚。

3. 香蕉粽：以香蕉和糯米為原料，將香蕉泥與糯米混合，然後用香蕉葉包成長形，兩端再繫繩蒸熟。這是慶典宴客時常見的美食，也可作為外出時的食物。

4. 米糕與粟糕：這也是慶典宴客的美食，以糯米或粟為原料，經過臼打蒸熟而成，與麻糬差不多，吃的時後沾醬油或花生粉。這種泰雅美食也可以烘烤，將小米製成的麻薯切成方塊，用竹籤串起，將表層烤脆即可食用，烤好之後在表層塗上刺蔥醬或馬告醬。

5. 小米酒：小米酒是泰雅族祭祀的主要祭品，各種祭典都須要酒來祭奉祖靈。製酒的原料為糯米或小米，最好的小米酒是完全使用小米發酵釀製。泰雅族有關酒文化的知識及語言使用很豐富，慶典當中小米酒是重要的飲料，使得泰雅族的小米酒頗負盛名。

▲泰雅族在慶典中分享小米酒。

▲泰雅族在慶典時分享食物。

▲泰雅族在慶典時料理食物。

◀太魯閣族傳統烤肉。

▶傳統生柴火燒飯。

▲小米在放在臼上搗去穀和糠。

▼泰雅族的食材，其中黑色圓球狀
　為馬告。

(三) 馬告及菸草

馬告為山胡椒的泰雅族語，別名山雞椒、香樟、馬告，是泰雅族重要飲食香料，也是其居住山區中重要的植物。山胡椒在春天開花，夏天結果，食用時如同花椒，將果實添加在食物中料理，其味道類似胡椒和薑的綜合。原產地為中國東部和南部、日本、琉球、印度、馬來西亞與臺灣，多分布於臺灣山麓地帶 100 公尺至中海拔 1500 公尺山地。

山胡椒全株具辛辣芳香味，蒸餾出來的精油可供配製香精，可做為化粧品、醫藥品原料，枝葉常被作為花材，過去交通不發達的年代，果實種子常被原住民代替食鹽使用。山胡椒的性味辛、溫，果實可供藥用，暖脾胃、健胃，也有祛風濕、消腫、解毒、止痛之效。由於山胡椒比一般胡椒更辛，腸胃弱、高血壓與燥熱體質者不宜多吃。

各界對於「馬告」經常有各種不同的解讀或誤解，誤解為「棲蘭」、「檜木」等，但是「馬告」（Makauy）一詞在當地泰雅語中為「山胡椒」之意，「馬告國家公園」原意實為「山胡椒國家公園」。鄒族也稱山胡椒為「馬告」，在這些部落山區的路邊，經常可見販售「馬告香腸」，就是以山胡椒為調味料的香腸。泰雅族常將馬告的果實醃漬而食，賽夏族則把果實搗碎泡水，作為解宿醉飲用。

菸草也是泰雅族的特色，早期菸草是由自己栽種，將採收的菸葉曬乾後，切成菸絲就可以吸食。菸斗都是自製，採用竹子的根部，菸桿則是細竹作成。泰雅族菸斗是每人一支，不會把自己的煙斗借與別人使用，僅會以菸草待客。

◀吸食菸草的泰雅族老人。

十二、泰雅族現代化之後面臨的問題

在文化人類學關於民族之間的交流會產生同化（assimilation）、涵化（acculturation）、濡化（enculturation）、文化互化（transculturation）等現象。同化是指族群相遇後，一族群逐漸變成與另一族群相似的過程和結果，是一種原素改變、合併於其他元素而成的過程。涵化是指兩個或兩個以上的文化持續地接觸，形成一個文化接受其他文化的歷程和結果。濡化是指個人自幼開始，學習某種生活模式，成為另外社會中的一分子的過程，有別於涵化，本質意義是人的學習與教育，是藉由文化學習傳承的機制。一個文化與另一個文化發生共同的作用，互相轉變就是文化互化。

涵化與濡化幾乎都是同時發生進行，然而同化、涵化與文化互化只是程度有別。涵化可能是單向，也可能交互影響。在文化涵化中，受到影響的族群或社會，會很樂意的接受，也有迫不得已接受，調節心態後吸收或抗拒外來文化。例如，臺灣的漢文化與大陸地區稍微有異。臺灣的漢人社會有早期西班牙、荷蘭的文化，之後又融入日本殖民文化，現在因外籍新娘的關係，有中南半島的文化。與此同時，臺灣漢文化早就吸收原住民的平埔族的血緣與文化，然後又吸收高山族的文化。同樣的，現在的原住民受到漢人社會的涵化，某些人甚至於同化在漢人社會中。

包括泰雅族在內的臺灣原住民，在接觸在漢人之後，受到現代化影響，傳統的文化受到很大的衝擊，日常生活都改變。尤其泰雅族居住在中北部山區，對外交通較花東地區方便，再加上臺灣對於交通方面的基礎建設先進，只要花費的半天時間，任何一個泰雅族部落都能輕易的到達都會區，某些泰雅族社群一小時的車程，就能到達繁華的都會鬧區。這使得泰雅族較其他原住民更快速受到漢文化的影響，也就是說泰雅族早已與現代化生活接軌。

在飲食文化而言，現在泰雅族的烹飪器材、技巧、食材都受到現代化影響，傳統的飲食文化多半只有在祭祀慶典時出現。傳統泰雅族的服飾，完全是用手工製作，材料的成本不高，但是傳

統工藝技術難求，使得手工成本過高，一件衣服的技術層面所費不貲，所以傳統服飾都只用在重大場合，平日穿著現代量產的衣服，然而懂得製作傳統泰雅服飾的婦女越來越少，更使得傳統服飾的珍貴。

　　前述泰雅族的傳統建築物，目前都已被現代建材取代，鐵皮屋與鋼筋水泥屋在泰雅族部落內隨處可見。屋內的配置也如同漢人的房舍，如廚房、衛浴設施、臥房等，電器用品也散落在各房間內。雖然泰雅族的住屋已經現代化，但是仍然習慣居住在高山地區，這類地區在颱風時，容易山崩，出現土石流，輕

▲早期泰雅族在山區的生活，男人出門必備長刀，狗也是外出的夥伴。

▲早期泰雅族的居家生活

▲ 1980 年代以前，泰雅族生活簡陋，兒童經常打赤腳。

▲現在已經很少有揹著弟妹的泰雅族兒童。

則破壞道路橋樑，重則整個聚落被土石淹沒，造成無數的死傷。政府在八八風災之後，針對此問題，現在都在颱風來臨前，將山區內的族人，以預防性的暫時遷移，待風災過後，才將人員送回。

在二次大戰結束後，泰雅族生活在以物易物的年代，其居住地區對外交通落後，想要交換部落缺乏的物資，必須花費一天的時間，下山走路到貨物交換的地區，所交換的物資以食鹽為最重要。後來政府部門在原住民居住地區開闢許多道路，使得交通越來越便利，然而泰雅族居住地區環境優美自然，又鄰近都會區，沒有現代化的污染，於是泰雅族人的地區成為漢人觀光區域，每到假日總有許多遊客到此遊憩，某些泰雅族社區的觀光成為重要收入來源。

過去泰雅族受到漢人的影響，在山區開闢梯田種植水稻，作為糧食來源。在 1960 年代之後，完全與現代化社會接軌，生產農作物不僅只是為了糧食，還包括經濟收入。桃園市復興區的爺亨部落，早已將梯田改為種植水蜜桃；宜蘭縣大同鄉的南山聚落以生產蔬菜為主。這都顯示泰雅族早已脫離過去的傳統的觀念，傳統的泰雅族人具有在山區獨自生存的能力，可以在荒山野地之中張羅出許多食物，只要肯付出心血，努力經營山林，能夠解決三餐生計，還有剩餘物資對外交換，就算是富人。現在泰雅族所思慮的事，是在蔬果收成之後，販售價錢的高低，財富的觀念與漢人完全一樣。

臺灣採取國民義務教育，在統一教材的教育體系之下，泰雅族的兒童，自幼接受漢文及漢語，以及漢人的歷史，傳統的 Gaga 難免與現代社會產生些許問題，所以母語、祖先傳承逐漸凋零，此為泰雅族未來的重大問題。

▲現在原住民大多數信仰基督教，但是還保存祖靈信仰。

附註

(一) 馬告檜木國家公園

別稱棲蘭國家公園，為臺灣原預定成立的國家公園之一，範圍大致以宜蘭、新北、桃園、新竹四縣市交界的雪山山脈棲蘭山區為主，初步規畫預定地面積總計約 53,602 公頃，行政區界包含新北市烏來區約 8,734 公頃、宜蘭縣大同鄉約 21,426 公頃、桃園市復興區約 9,272 公頃、新竹縣尖石鄉約 14,170 公頃。內政部雖在 2002 年公告劃設，但終未正式成立。公告範圍內目前有由林務局公告的鴛鴦湖自然保留區，以及棲蘭野生動物重要棲息環境兩處自然保護區域。

棲蘭山林區保有一萬多公頃的檜木林，以扁柏為最多，紅檜為小面積或零星分布。此處檜木林於 2002 年由行政院文建會（現為文化部）徵詢國內專家，並函請縣市政府與地方文史工作室提報，推薦評選為臺灣最具潛力的世界遺產之一。

由於棲蘭山檜木林處於中高海拔的山區，此山域因峰高、谷深、雨霧足，形成孤島式的封閉性生態環境，使得伴生於檜木林帶之珍稀裸子植物，如紅豆杉、臺灣杉、巒大杉、臺灣粗榧等北極第三紀子遺植物，因長期隔離演化，形成臺灣僅有的特有種，而這些特有種針葉類珍稀裸子植物群，歷經千萬的演替，堪稱「活化石樹」，在生態演化上具有指標地位，符合世界遺產登錄標準第八項。

棲蘭山山區的年雨量平均有高達 5,000 公釐的紀錄，此山區一年之中，幾乎有 250 天雨霧濛濛，這種飽含水分終年雲霧繚繞的林地即是植物學界所稱之的「霧林帶」。本區之自然環境生態系，學術界稱為「暖溫帶山地針葉樹林群系」。在植物學上又將此群系分為兩大植物生態社會，一為針葉混生社會，另一位檜木林型社會。其中檜木林社會分布海拔（1,600—2,600 公尺）因氣候較暖又濕潤多雨，以致植物社會組成非常多樣，就物種歧異度而言，植物種類龐雜，其中有許多臺灣已瀕臨絕種及珍貴物種生長其間，在這些珍稀針葉樹的林況下，並發現有臺灣黑熊、臺灣野山羊、山羌等大型蹄科動物。此處

成為臺灣珍稀野生動物的棲息天堂，極具研究與保育價值，符合世界遺產登錄標準第十項。

（二）南島民族

南島民族指大洋洲和東南亞以南島語系為語言的族群。其中包括臺灣原住民族、東帝汶、澳洲、印度尼西亞、馬來西亞、菲律賓、汶萊、馬達加斯加、密克羅尼西亞聯邦和玻里尼西亞以及紐西蘭和夏威夷玻利尼西亞人、非巴布亞人的美拉尼西亞人等多個民族。他們還分布於泰國北大年地區、新加坡、越南和湛地區（覆蓋越南中部和南部的占婆王國）、柬埔寨、中國海南。這些地區統稱為南島民族地區。

對於南島民族的起源與擴散，學界根據語言學與考古資料，建立了幾個假說。

1. 出臺灣假說

學界認為，由亞洲大陸移居至臺灣的族群，在臺灣形成了南島語系，之後沿著島嶼，逐步擴展到太平洋各地。這個假說，稱為出臺灣（Out of Taiwan）假說。這個假說最早由語言學學者提出，遺傳人類學者以粒線體 DNA 的研究，對這個假說提供更多證據。這個假說在學界有很多支持

者，但尚未得到一致共識。

Shutler and Marck 於 1975 年發表論文，認為臺灣是南島語最有可能的發源地以後，國際遺傳學界即接受他的研究成果。尤其是在 Peter Bellwood 於 1991 年在《科學美國人》（Scientific American）雜誌上，關於這個問題的論文發表以後，「南島語的發源地在臺灣」這一個陳述，就幾乎已經是多數學者的共識。後來他再提出，南島民族由亞洲大陸而來，於西元前 8000 年左右到達臺灣，此後發展出卓越的航海能力，不斷分批移民至海外島嶼。在開始很長一段時間後渡海移民後，曾一時暫止，然後又持續移民，而無論是擇居於大島或小島，多遍布於亞熱帶和熱帶地區是一大特點。

根據 Bellwood 的研究，使用南島語的南島民族是由亞洲大陸而來，可能與侗傣（Kam-Tai）民族或南亞（Austroasiatic）民族原是一家，分家後抵達臺灣，年代大約是 6000 年前。大約 5000 年前，才開始從臺灣南下擴散到菲律賓群島，主要是北部呂宋一帶。然後到婆羅洲、印尼東部，時間大約是在 4500 年前。然後往東、西兩方擴散，東至馬里亞那群

島（關島、塞班島一帶），也到了南太平洋部份地區，往西到馬來半島、蘇門答臘等，時間約在 3200 年前。再下一步才擴散到中太平洋美拉尼西亞區域的加洛林群島一帶。然後往東，約在公元 300 年到達玻里尼西亞。今天在紐西蘭的毛利族（Maori），是最晚的移民，約在公元 800 年。

這個散布模型，可以用地瓜的傳播來證明，隨著南島民族往東遷徙，與南美洲的美洲原住民接觸，將地瓜由美洲傳播到環太平洋區。另一個證明則是太平洋構樹。2015 年臺灣大學森林環資系與智利共組研究團隊，分析西太平洋島弧上的太平洋構樹樣本，發現各地構樹與南臺灣構樹皆有相同的葉綠體基因單型（haplotype），西太平洋各地的構樹起源於臺灣。因為太平洋構樹沒有雄雌異株，無法自然產出種子，需由人類以其根部進行無性生殖來傳播，因此可排除是由動物傳播的可能。太平洋構樹的樹皮是南島民族重要的資源，在祭典上會使用樹皮布。因為太平洋構樹與南島民族間的緊密關係，應是隨著南島民族遷徙而傳播。這個共生關係間接證實了出臺灣假說。

2. 巽他大陸起源說

由史蒂芬‧歐本海默提出。巽他大陸起源說認為，冰河期的東南亞由於海平面比現在低，爪哇島、蘇門答臘島與馬來半島連在一起，形成巽他大陸，為亞洲的延伸。但在間冰期，海平面上升，淹沒這個區域。這個區域的居民被迫離開，形成南島語族。

3. 中國沿海假說

福建發掘的曇石山遺址，漳州東山大帽山遺址，寧德霞浦縣黃瓜山貝丘遺址，泉州晉江庵山沙丘遺址，福州平潭殼丘頭遺址，據考證都跟南島語族文化有淵源。在福建出土石錛、石戈以及石叉等物品，在玻里尼西亞仍常見。福建的幾大遺址中出土的石器、陶製品等文物製作的方法、生產工藝、母語語系等推測，南太平洋、印度洋的南島語族眾多島國居民的祖先，與中國東南沿海文化有交流。

中國醫藥大學講座教授葛應欽，利用演化基因學改進方法及技術，分析在馬祖亮島出土的亮島人遺骸，重建遺傳系譜，認為早期南島民族約 8000 年前起源於福建沿海地區，反對臺灣或東南亞島嶼是早期南島民族發源地的說法，但不以文化為依據，以及其無法證明亮島人有後代等，令

此說法至今尚未得到國際上的普遍認可。

人類學家張光直（中央研究院院士、副院長）據福州平潭殼丘頭遺址的出土文物，認為稍晚的臺灣西海岸的大坌坑文化的與此文化有關聯，兩者部分的文化面貌說明福建與南島語族最早的淵源。

4. 以南島民族為主體民族的國家

民族國家	地理地區	主體民族	南島民族人口
印尼	東南亞	爪哇人	222,781,000
菲律賓	東南亞	比薩亞人	92,226,600
馬來西亞	東南亞	馬來人	12,290,000
巴布亞紐幾內亞	東南亞	巴布亞人	6,300,000
馬達加斯加	非洲	梅里納人	超過 500 萬人
東帝汶	東南亞	馬來人／美拉尼西亞人	947,000
汶萊	東南亞	馬來人	724,000
索羅門群島	大洋洲	美拉尼西亞人	478,000
斐濟	大洋洲	斐濟人	456,000
薩摩亞	大洋洲	薩摩亞人	193,773
吐瓦魯	大洋洲	玻里尼西亞人	11,052
密克羅尼西亞聯邦	大洋洲	密克羅尼西亞人	106,104
諾魯	大洋洲	諾魯原住民	9,642

5. 以南島民族為重要民族的國家

國家	所屬地區	南島民族	南島民族人口
紐西蘭	大洋洲	毛利人	855,000
新加坡	東南亞	馬來人	超過 60 萬人
中華民國（臺灣）	東南亞	臺灣原住民族	超過 55 萬人
越南	東南亞	占族、朱魯族、埃地族、嘉萊族、拉格萊族	超過 95 萬人

（三）莫那‧魯道與霧社事件

莫那‧魯道（賽德克語：Mona Rudo；1880 年 5 月 21 日－1930 年 11 月 5 日），是臺灣原住民賽德克族馬赫坡社（今盧山溫泉區）的頭目，在《臺灣日日新報》的漢文版有稱「毛那老」，戰後或稱莫那道，高大魁梧，據說身高將近 190 公分。也是賽德克族霧社群的頭目，為日治時期重要的抗日運動——霧社事件的領導人，起義失敗後飲彈自殺。

霧社事件（日語：霧社事件／むしゃじけん mushiya jiken）是日本殖民時期 1930 年（昭和 5 年）發生的原住民武裝抗日事件，地點位於今南投縣仁愛鄉霧社。事件起因是賽德克族原住民不滿日本統治當局長期以來苛虐暴政，而由馬赫坡社頭目莫那‧魯道率領德克達亞群各部落聯合起事，襲擊由日方建立的樣板聚落霧社，趁霧社公學校舉行運動會時襲殺日本人。事發後立即遭日方調集軍警，以飛機、山炮、毒氣等武器強力鎮壓。起事的賽德克族人雖在襲擊成功後即回撤備戰，但仍不敵日方的強大武力，身為起事領袖的莫那‧魯道飲彈自盡，參與行動的各部落幾遭滅族，數百位族人在寧死不屈下集體自縊，餘生者則被日方強制遷至川中島

（今南投縣仁愛鄉西北端的清流部落）集中居住與管理。該事件爆發之後，震驚日本政府與國際社會，臺灣總督府的理蕃政策遭到重大挑戰，造成時任臺灣總督石塚英藏、總務長官人見次郎等高層官員引咎去職。

霧社事件是臺灣人在日本殖民時期最後一次武裝抗日行動（漢人在西來庵事件後已放棄武力鬥爭，改採社會運動模式）。雖然在 1896 年至 1920 年間，臺灣原住民死士先後發動 150 餘次武裝抗日行動，但仍以霧社事件最為慘烈。後世有不少作品紀念此事件，著名的有邱若龍的漫畫《霧社事件》、鄧相揚的小說《風中緋櫻》，以及魏德聖執導的電影《賽德克‧巴萊》。

莫那魯道死後，遺骨被製成標本，1934 年先是在埔里能高郡役所落成之際被展示，接著送到臺北帝國大學（今臺灣大學）作為人類學研究的標本，但隨即被「借展」。1934 年 7 月 1 日，在新高新報社舉辦、警察協會、消防協會協辦的「警察展覽會」上，莫那的遺骸，第二度被公開展示，地點換到臺北植物園內，開幕式上，總督府總務長官平塚廣義、警務局長石垣倉治親自到場。

1973 年臺灣學界討論花岡一郎與花岡二郎的忠奸問題，而注意到莫那‧

魯道的遺骸仍存放在臺灣大學人類學系，作為人類學的研究標本。當時臺灣大學人類學系代主任李亦園與校長閻振興寫信給臺灣省主席謝東閔，建議應將遺骸妥慎安葬，臺灣省政府方面亦接受此一建議，於 10 月 24 日自人類學系標本館將骨骸迎回霧社。1973 年 10 月 27 日於霧社事件四十三週年的日子，將遺骸入土。

中華民國政府在八年抗戰結束後將臺灣總督府於霧社（今南投縣仁愛鄉）所設立的日本人殉難紀念碑拆除後，改立原住民抗日紀念碑。

1969 年，中華民國政府決定將莫那魯道入祀忠烈祠。1970 年，行政院內政部發出褒揚令，對莫那魯道的抗日事蹟加以褒揚。當時的褒揚令中，將「莫那魯道」寫作「莫那奴道」。又因長女馬紅莫那在戰後改漢名張秀妹，因此在也提到莫那魯道為「張老」。

內政部令

查南投縣民莫那奴道（即張老）
於日據臺灣時期（相當民國十九年）
領導本鄉霧社山胞起義抗敵
先後數戰斃敵百餘終以眾寡
懸殊彈盡援絕全部殉難其志
可嘉特予褒揚以慰英靈此令

部長　徐慶鐘

中華民國五十九年六月　　日

▲賽德克族兒童在莫那魯道墓前歌頌英雄。

　　1973 年，將莫那魯道的遺骸歸葬於紀念碑後方，並於當地設立霧社事件紀念公園及莫那魯道之墓。今日霧社（屬南投縣仁愛鄉）當地設有霧社事件紀念碑，莫那・魯道雕像豎立於內，以紀念他的事蹟。2001 年，中華民國中央銀行正式於 20 元硬幣鑄上莫那・魯道肖像以資紀念。

　　莫那魯道娶巴崗・瓦力斯（Bakan Walis）為妻子，生有二男一女。

　　達多莫那，是莫那魯道長子，精於狩獵，是勇敢善戰的賽德克勇士。在一次族人婚宴上，因獻酒給日警遭羞辱，引發「敬酒風波」，強力勸說父親莫那魯道對抗日人。「霧社事件」中率領族人固守馬赫坡岩窟，以游擊戰和日人展開長期戰爭，終至彈盡援絕。日人脅迫其妹馬紅莫那前來勸降，完成「最後酒祭」後，壯烈自殺成仁。

　　巴索莫那，是莫那魯道次子，賽德克勇士。「霧社事件」發生時，與兄長達多莫那率領族人與日軍展開激戰，不

幸下顎被日軍子彈貫穿，傷口嚴重發炎生命垂危之既，要求兄長為其介錯（馘首），壯烈成仁。

馬紅莫那（Mahon Mona，1907-1973），是莫那魯道長女。事件發生後，丈夫與子女全死在戰爭中。由於她的長兄達多莫那率領族人在馬赫坡岩窟堅持奮戰，日人計窮，逼馬紅莫那攜酒前往勸降，其兄不降但喝完所攜酒後，從容自殺。她也是莫那魯道家族事件後唯一生還者，因思念家人痛不欲生，在保護蕃收容所及移居川中島後，數度上吊自殺皆倖獲救。後領養張呈妹為女並招劉宗仁為女婿，子孫繁衍。後以 65 高齡辭世。

▲南投縣各界紀念霧社事件 88 周年追思祭典。

南投區賽德克族對霧社事件的祭祀禮儀。

▲賽德克族兒童以舞蹈追思對莫那魯道的敬意。
▼霧社事件事件是賽德克族的光榮史詩。

▲賽德克女童以優美歌聲哀思霧社事件。

▲在煙霧之中賽德克族祈求霧社事件祖靈的保佑所有的族人。

附　錄

【寫真紀實】

泰雅族

▲ 60 年代秀巒部落簡單的石板屋還有難忘的童年回憶。

◀泰雅婦女特有頭飾。

▼教堂前可愛的哥倆好。

▲樂觀辛勤工作的泰雅婦女。

▲教會禮拜是泰雅族人心靈寄託。

▲一路走來相互扶持。

◀▲煙斗是部落藝術和心靈文化的象徵。

▲年輕一代的泰雅歡樂織布舞，將織布的精湛技藝和舞蹈融合在一起。

▲嘹亮的歌聲、輕快的舞步，充滿泰雅年輕活力。

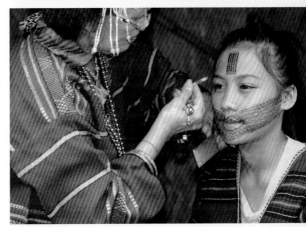

▲為年輕女孩畫上美麗的圖騰讓紋面文化世代傳承。

山谷中優雅的歌聲吟誦著美麗的傳說。

▲夜晚挑燈夜戰的織布舞。

夜晚點燈織布，族人歌聲加油打氣。

太魯閣族

▲年輕時代的太魯閣人就學會了傳統的織布。

▲慶豐收搗小米。

▲傳統織布機能織出多元花色的紋路。

▲太魯閣深山峽谷中，清幽的歌聲、曼妙的舞蹈，讓人陶醉。

▲結合現代的織布舞。

▲部落婦女翩翩起舞。

▲太魯閣族勇士們，雄壯的歌聲，震撼整個峽谷，吸引眾人目光。

▲畫在臉上美麗的圖案,是祖先的印記。

▲舞蹈慶豐年。

◀▲太魯閣峽谷豐年祭舞蹈。

▲峽谷舞蹈。

賽德克族

◀▲活潑樂觀的賽德克少年。

▲賽德克勇士也有特殊的頭飾。

▲美麗的頭飾是賽德克族婦女的特色。

▲美麗的賽德克族少女，唱出傳統的族曲。

▲賽德克族傳統迎親舞蹈。

▲傳統的簧琴。

▲賽德克族少年用傳統的歌聲和舞蹈讚頌英勇的祖先。

▲傳統方式烹煮食物。

▲隆重的祭禮，讚頌莫那魯道英勇事蹟。

▲穿著傳統服飾的賽德克新生代。

後記

　　台灣原住民 16 族，每一族都有起源的故事和特色，是值得原住民委員會去做文化的深入探討，本書因編幅有限，只能做同源 3 族的概述，期許日後能將 13 族再做一系列的出版，請大家拭目以待。

王古山

國家圖書館出版品預行編目資料

原住民寫真與文化：泰雅族、賽德克族、太魯閣族 /
王古山著. -- 初版. -- 臺北市：博客思, 2019.07
面 ； 公分. -- (台灣原住民叢書 ；1)

ISBN 978-957-9267-24-3(平裝)

1.泰雅族 2.賽德克族 3.太魯閣族 4.民族文化 5.照片集

536.33   108009685

台灣原住民叢書 1

原住民寫真與文化
──泰雅族、賽德克族、太魯閣族

作　　者：王古山
編　　輯：張加君
美編設計：涵設
出 版 者：博客思出版事業網
發　　行：博客思出版事業網
地　　址：台北市中正區重慶南路1段121號8樓之14
電　　話：(02)2331-1675或(02)2331-1691
傳　　真：(02)2382-6225
E—MAIL：books5w@yahoo.com.tw或books5w@gmail.com
網路書店：http://bookstv.com.tw/
　　　　　https://www.pcstore.com.tw/yesbooks/
　　　　　博客來網路書店、博客思網路書店
　　　　　三民書局、金石堂書店
總 經 銷：聯合發行股份有限公司
電　　話：(02)2917-8022　　傳　　真：(02)2915-7212
劃撥戶名：蘭臺出版社　　　　帳　　號：18995335
香港代理：香港聯合零售有限公司
地　　址：香港新界大蒲汀麗路36號中華商務印刷大樓
　　　　　C&C Building, 36,Ting,Lai,Road,Tai,Po,New,Territories
電　　話：(852)2150-2100　　傳　　真：(852)2356-0735
出版日期：2019年7月 初版
定　　價：新臺幣320元整
ISBN：978-957-9267-24-3(平裝)